La Cucina Italiana 2023

Die authentische Küche Italiens. Klassische Rezepte und moderne Interpretationen

Marco Fiorentini

INHALTSVERZEICHNIS

Geröstetes Wintergemüse 8

Sommerlicher Gemüseeintopf 10

Schichtgemüsegericht 13

Selbstgemachtes Brot 18

Kräuterbrot 21

Käsebrot nach Markenart 24

Goldene Maisbrötchen 27

Schwarzes Olivenbrot 30

Stromboli-Brot 33

Walnusskäsebrot 36

Tomatenröllchen 39

Ländliche Brioche 42

Sardisches Notenpapierbrot 45

Fladenbrot mit roten Zwiebeln 48

Fladenbrot mit Weißwein 51

Fladenbrot mit sonnengetrockneten Tomaten 54

Römisches Kartoffelbrot 57

Gebackenes Brot aus der Emilia-Romagna 60

Grissini 63

Fenchelringe 66

Wassermelonengranit 69

Mandarine Granita 71

Erdbeerwein Granita 73

Kaffeegranit 75

Zitrusfrüchte und Campari Granita 77

Weißer Pfirsich und Prosecco Granita 79

Schokoladensorbet 81

Prosecco-Zitronenbrei 83

Rosa Prosecco-Slush 85

Eiscreme 87

Zitroneneis 89

Ricotta-Eis 90

Mascarpone-Eis 92

Zimteis 94

Espresso-Eis 96

Walnuss-Karamell-Eis 98

Honigeis mit Nougat 101

Amaretti-Gelato 104

„ertrunkenes" Eis 106

Eis mit Balsamico-Essig 107

Eiscreme-Puffs 108

Tassen für Mandelcreme 111

Orangen-Spumone 114

Mandel-Semifreddo 117

Florentiner gefrorener Kuppelkuchen 120

Honig-Mascarpone-Sauce 123

Frische Erdbeersauce 124

Warme Beerensauce 125

Himbeersauce das ganze Jahr über 126

Heiße Schokoladensauce 128

Lange Finger 133

Grießkekse 136

Vin Santo klingelt 139

Marsala-Kekse 141

Sesamweinkekse 144

Sesamkekse 146

Anis-Toast 149

„S"-Cookies 152

Waffelkekse 155

Süße Ravioli 158

„hässliche, aber gute" Kekse 161

Festsitzende Stellen 163

Doppelte Schokoladen-Nuss-Biscotti 166

Schokoladenkuss 169

No-Bake-Schokolade „Salame"...172

Prato-Kekse..174

Biscotti aus umbrischen Früchten und Nüssen..177

Biscotti aus Zitrone und Nüssen..180

Walnusskeks...182

Mandelmakronen..184

Pinienkernmakronen..187

Haselnussriegel...189

Kekse mit Walnussbutter..191

Regenbogenkekse...193

Feigenkekse zu Weihnachten...198

Mandelrock..203

Sizilianische Nussbrötchen...205

Pilz-Kuchen..208

Keks mit Zitrusfrüchten..210

Zitronen-Olivenöl-Kuchen..213

Marmorkuchen...215

Geröstetes Wintergemüse

Grün al Forno

Ergibt 6 Portionen

Als Inspiration diente das schön gebräunte, gewürzte Gemüse, das in Norditalien oft zu Braten serviert wird. Wenn Ihre Pfanne nicht groß genug ist, um das Gemüse in einer einzigen Schicht aufzunehmen, verwenden Sie zwei Pfannen.

2 mittelgroße Rüben, geschält und geviertelt

2 mittelgroße Karotten, geschält und in 2,5 cm große Stücke geschnitten

2 mittelgroße Pastinaken, geschält und in 2,5 cm große Stücke geschnitten

2 mittelgroße Allzweckkartoffeln, geviertelt

2 mittelgroße Zwiebeln, geviertelt

4 Knoblauchzehen, geschält

⅓ Tasse Olivenöl

Salz und frisch gemahlener schwarzer Pfeffer

1. Stellen Sie einen Rost in die Mitte des Ofens. Heizen Sie den Ofen auf 450 °F vor. Das gehackte Gemüse und die Knoblauchzehen in eine große Auflaufform geben. Das Gemüse sollte nur eine Schicht tief sein. Verwenden Sie bei Bedarf zwei Pfannen, damit das Gemüse nicht zu voll wird. Das Gemüse mit Öl und Salz und Pfeffer abschmecken.

2. Das Gemüse etwa 1 Stunde und 10 Minuten rösten, dabei etwa alle 15 Minuten wenden, bis es weich und gebräunt ist.

3. Übertragen Sie das Gemüse auf eine Servierplatte. Warm servieren.

Sommerlicher Gemüseeintopf

Ciambotta

Für 4 bis 6 Personen

Im Sommer gehe ich mehrmals pro Woche zu unserem örtlichen Bauernmarkt. Ich rede gerne mit den Bauern und probiere die vielen besonderen Produkte aus, die sie verkaufen. Ohne den Markt hätte ich Dinge wie roten Löwenzahn, Portulak, Lammviertel und so viele andere Gemüsesorten, die man im Supermarkt nicht findet, wahrscheinlich nicht probiert. Leider kaufe ich oft zu viel. Dann mache ich Ciambotta, einen süditalienischen Gemüseeintopf.

Diese besondere Ciambotta ist der Klassiker, eine Kombination aus Auberginen, Paprika, Kartoffeln und Tomaten. Köstlich als Beilage oder mit geriebenem Käse belegt als Hauptgericht ohne Fleisch. Sie können den kalten Aufstrich auch auf Toast für Crostini und warm als Aufstrich mit Mozzarellascheiben essen.

1 mittelgroße Zwiebel

4 Pflaumentomaten

2 Universalkartoffeln, geschält

1 mittelgroße Aubergine

1 mittelgroße rote Paprika

1 mittelgelbe Paprika

Salz und frisch gemahlener schwarzer Pfeffer

3 EL Olivenöl

½ Tasse zerrissene frische Basilikumblätter oder frisch geriebener Parmigiano-Reggiano oder Pecorino Romano (optional)

1. Das Gemüse putzen und in mundgerechte Stücke schneiden. In einer großen Pfanne die Zwiebel im Öl bei mittlerer Hitze etwa 5 bis 8 Minuten anbraten, bis sie weich ist.

2. Tomaten, Kartoffeln, Auberginen und Paprika hinzufügen. Mit Salz und Pfeffer abschmecken. Abdecken und unter gelegentlichem Rühren etwa 40 Minuten kochen lassen, oder bis das gesamte Gemüse weich ist und der größte Teil der Feuchtigkeit verdampft ist. Wenn die Mischung zu trocken wird, fügen Sie ein paar Esslöffel Wasser hinzu. Wenn zu viel Flüssigkeit vorhanden ist, abdecken und weitere 5 Minuten kochen lassen.

3. Warm oder bei Zimmertemperatur servieren, pur oder garniert mit Basilikum oder Käse.

Variation: Ciambotta mit Eiern: Wenn das Gemüse fertig ist, 4 bis 6 Eier mit Salz verrühren, bis alles gut vermischt ist. Die Eier über das Gemüse gießen. Nicht Tasten. Decken Sie die Pfanne ab. Kochen, bis die Eier fest sind, etwa 3 Minuten. Warm oder bei Zimmertemperatur servieren.

Schichtgemüsegericht

Teglia di Verdure

Für 6 bis 8 Personen

Benutzen Sie für diesen Auflauf eine schöne Back- und Servierform und servieren Sie das Gemüse aus der Form. Es passt gut zu Frittatas, Hühnchen und vielen anderen Gerichten.

1 mittelgroße Aubergine (ca. 1 Pfund), geschält und in dünne Scheiben geschnitten

Salzig

3 mittelgroße Allzweckkartoffeln (ca. 1 Pfund), geschält und in dünne Scheiben geschnitten

Frisch gemahlener schwarzer Pfeffer

2 mittelgroße Zwiebeln

1 rote und 1 grüne Paprika, entkernt und in dünne Scheiben geschnitten

3 mittelgroße Tomaten, gehackt

6 Basilikumblätter, zerrissen

⅓ Tasse Olivenöl

1. Die Aubergine schälen und quer in dünne Scheiben schneiden. Die Scheiben in ein Sieb geben und großzügig mit Salz bestreuen. Stellen Sie das Sieb auf einen Teller und lassen Sie es 30 bis 60 Minuten lang abtropfen. Die Auberginenscheiben abspülen und trocken tupfen.

2. Stellen Sie einen Rost in die Mitte des Ofens. Heizen Sie den Ofen auf 375 °F vor. Fetten Sie eine 13×9×2 Zoll große Backform mit Öl ein.

3. Legen Sie eine Schicht überlappender Kartoffelscheiben auf den Boden der Form. Mit Salz und Pfeffer würzen. Die Kartoffeln mit einer Schicht Auberginen bedecken und mit Salz bestreuen. Schichten von Zwiebeln, Paprika und Tomaten hinzufügen. Mit Salz und Pfeffer würzen. Basilikum darüber streuen. Mit dem Olivenöl beträufeln.

4. Mit Folie abdecken. 45 Minuten backen. Entfernen Sie vorsichtig die Folie. Weitere 30 Minuten kochen lassen oder bis das Gemüse gebräunt und zart ist, wenn man es mit einem Messer ansticht. Warm oder bei Zimmertemperatur servieren.

Brot, Pizzen, leckere Kuchen und Sandwiches

Buono come il pane, „so gut wie Brot", ist eine alte italienische Art, jemanden oder etwas ganz Besonderes zu beschreiben. Es zeigt auch, wie wichtig Brot ist. Jeder Italiener weiß, dass Brot das Nonplusultra und das Beste ist und nichts besser ist als Brot. Ob Rosetta, ein in Scheiben geschnittenes rundes Brötchen, das nur knusprig und leicht krümelig ist, oder Scaletta, leiterförmige, goldene Hartweizenbrote aus Sizilien, die in Öfen mit Mandelschalen gebacken werden, italienische Brote haben einen großartigen Charakter und Geschmack. Jede Region hat ihren eigenen Stil. Toskanisches und umbrisches Brot wird ohne Salz hergestellt, was etwas gewöhnungsbedürftig ist. Das Brot aus Altamura in Apulien ist blassgolden und praktisch ein nationaler Schatz. Die Menschen in Rom und Orten im Norden zahlen hohe Preise dafür.

Dann gibt es noch die Fladenbrote: Pizza, Focaccia, Piadina und all die anderen leckeren Sorten. Jede Region hat ihren Favoriten. Neapel ist stolz auf seinen Ruf als Geburtsort der modernen Pizza, während die Genueser sich der Focaccia rühmen. Anstatt den Geschmack obendrauf zu haben, sind in Süditalien herzhafte

Pasteten aus zwei Schichten Brot oder Pizzateig beliebt, die mit einer Füllung aus Gemüse, Fleisch oder Käse gebacken werden und als Snack oder als komplette Mahlzeit gegessen werden.

Die folgenden Rezepte sind nur einige der vielen Möglichkeiten. Nur wenige Italiener backen zu Hause Brot, denn in jedem Viertel gibt es einen lokalen Forno („Ofen"), wie die Brotbäckerei genannt wird, in dem mehrmals täglich frisches Brot gebacken wird. Die Brote werden aus langsam aufgehendem Teig hergestellt, der für komplexe Aromen sowie eine gute Textur und Zähigkeit sorgt. Da sie in Öfen gebacken werden, die höhere Temperaturen erreichen als in der heimischen Küche, haben sie eine knusprige Kruste.

Die Rezepte in diesem Kapitel funktionieren auch ohne große Spezialausrüstung. Wenn Sie jedoch gerne Hefebrot backen, lohnt es sich, in einen Backstein oder unglasierte Backplatten zu investieren. Mit einer leistungsstarken Küchenmaschine mit Knethaken oder einer Küchenmaschine mit großer Kapazität ist das Mischen eines schweren, klebrigen Teigs kein Problem. Zum Mischen und Aufgehen des Teigs kann auch ein Brotbackautomat verwendet werden, dieser eignet sich jedoch nicht zum Backen dieser Brotsorten.

Ich habe auch Rezepte für herzhafte Kuchen mit Käse und Gemüse hinzugefügt. Diese schmecken köstlich als Vorspeise oder mit einem Salat für eine ganze Mahlzeit.

Sandwiches sind in ganz Italien als Snack und leichte Mahlzeit beliebt. Die Mailänder haben die Paninoteca erfunden, einen Sandwichladen, in dem Sie nach Herzenslust Kombinationen aller Brotsorten bestellen können, ob getoastet oder nicht. Besonders beliebt ist die Paninoteca bei jüngeren Leuten, die auf Sandwiches und Bier vorbeischauen.

In anderen Teilen des Landes isst man ein Panino aus Weißbrot, Focaccia oder Sandwiches. Römer lieben das dünne Tramezzino-Sandwich (dreieckig geschnitten) ohne Kruste, während die Sandwiches in Bologna auf dem Rosette-Brot, dem lokalen knusprigen Brot, zubereitet werden. Auf dem Heimweg aus Italien nehme ich mir immer Zeit für einen Zwischenstopp im Flughafencafé, um mir ein Prosciutto-Rucola-Portare per Sandwich, „to go", zu gönnen und es im Flugzeug nach Hause zu genießen.

Selbstgemachtes Brot

Pane di Casa

Ergibt 2 Brote

Hier ist ein einfaches italienisches Brot, das im heimischen Ofen schön knusprig wird. Da der Teig sehr klebrig ist, bereiten Sie dieses Brot am besten in einem leistungsstarken Mixer oder einer Küchenmaschine zu. Lassen Sie sich nicht dazu verleiten, dem Teig noch mehr Mehl hinzuzufügen. Um das richtige Ergebnis zu erzielen, muss es sehr feucht sein, mit großen Löchern in der Krume und einer knusprigen Kruste.

1 TL aktive Trockenhefe

2 Tassen heißes Wasser (100 bis 110 °F)

41/2 dl Brotmehl

2 Teelöffel Salz

2 Esslöffel feiner Grieß

1. Gießen Sie das Wasser in einen leistungsstarken Mixer. Mit der Hefe bestreuen. Etwa 2 Minuten stehen lassen, bis die Hefe cremig ist. Rühren, bis sich die Hefe aufgelöst hat.

2. Mehl und Salz hinzufügen. Gut umrühren, bis ein weicher Teig entsteht. Der Teig sollte sehr klebrig sein. Den Teig etwa 5 Minuten lang schlagen, bis er glatt und elastisch ist.

3. Das Innere einer großen Schüssel einölen. Den Teig in die Schüssel kratzen und nach oben ölen. Mit Frischhaltefolie abdecken und an einem warmen, zugfreien Ort etwa 1 1/2 Stunden gehen lassen, bis sich sein Volumen verdoppelt hat.

4. Den Teig flach drücken und in zwei Hälften teilen. Aus jedem Stück eine Kugel formen. Grieß auf einem großen Backblech verteilen. Die Teigkugeln mit einigen Zentimetern Abstand auf das Backblech legen. Mit Frischhaltefolie abdecken und an einem warmen, zugfreien Ort etwa 1 Stunde gehen lassen, bis sich das Volumen verdoppelt hat.

5. Stellen Sie den Rost in die Mitte des Ofens. Heizen Sie den Ofen auf 450 °F vor. Schneiden Sie mit einer Rasierklinge oder einem sehr scharfen Messer ein X in die Oberseite jedes Laibs. Legen Sie den Teig auf den Ziegelstein. 40 Minuten backen, bis die Brote goldbraun sind und beim Klopfen auf den Boden hohl klingen.

6. Schieben Sie die Brote auf Drahtgitter, um sie vollständig abzukühlen. In Folie eingewickelt bis zu 24 Stunden bei

Raumtemperatur oder bis zu einem Monat im Gefrierschrank lagern.

Kräuterbrot

Rude alle Erbe

Ergibt ein 12-Zoll-Laib

In der Stadt Forlimpopoli in der Emilia-Romagna aß ich in einem Restaurant, das von einem jungen Paar in einer Villa aus dem 17. Jahrhundert eröffnet wurde. Vor dem Essen brachten sie ein köstliches Kräuterbrot heraus. Als ich mich erkundigte, teilte der Koch mir gerne das Rezept mit und riet mir, die besten Ergebnisse zu erzielen, wenn ich im Morgengrauen in den Garten gehe und die Kräuter pflücke, solange sie noch feucht vom Morgentau seien. Aber auch mit Kräutern, die frisch aus dem Supermarkt kommen, erzielt man gute Ergebnisse.

1 Umschlag (2 1/2 TL) aktive Trockenhefe oder 2 TL Instanthefe

1 Tasse heißes Wasser (100 bis 110 °F)

2 Esslöffel ungesalzene Butter, geschmolzen und abgekühlt

Etwa 2 1/2 Tassen ungebleichtes Allzweckmehl

1 Esslöffel Zucker

1 Teelöffel Salz

1 Esslöffel gehackte frische glatte Petersilie

1 Esslöffel gehackte frische Minze

1 Esslöffel gehackter frischer Thymian

1 Esslöffel gehackter frischer Schnittlauch

1 Eigelb plus 1 EL Wasser

1. Gießen Sie das Wasser in eine große Schüssel. Mit der Hefe bestreuen. Etwa 2 Minuten stehen lassen, bis die Hefe cremig ist. Rühren, bis sich die Hefe aufgelöst hat.

2. Butter und 2 Tassen Mehl, Zucker und Salz hinzufügen und verrühren, bis ein weicher Teig entsteht. Den Teig auf eine leicht bemehlte Fläche legen. Mit den Gewürzen bestreuen und etwa 10 Minuten lang kneten, bis ein glatter und elastischer Teig entsteht. Bei Bedarf noch mehr Mehl hinzufügen, um einen feuchten, aber nicht klebrigen Teig zu erhalten. (Oder bereiten Sie den Teig gemäß den Anweisungen des Herstellers in einem schweren Mixer, einer Küchenmaschine oder einer Brotmaschine zu.)

3. Das Innere einer großen Schüssel einölen. Geben Sie den Teig in die Schüssel und drehen Sie ihn einmal, um die Oberseite einzufetten. Mit Frischhaltefolie abdecken und an einem

warmen Ort etwa 1 Stunde gehen lassen, bis sich das Volumen verdoppelt hat.

4. Ein großes Backblech einfetten. Legen Sie den Teig auf eine leicht bemehlte Oberfläche und drücken Sie ihn mit den Händen flach, um Lufteinschlüsse zu entfernen. Rollen Sie den Teig zwischen Ihren Händen zu einem etwa 30 cm langen Strang. Den Teig auf das Backblech legen. Mit Plastikfolie abdecken und etwa 1 Stunde gehen lassen, bis sich das Volumen verdoppelt hat.

5. Stellen Sie den Rost in die Mitte des Ofens. Heizen Sie den Ofen auf 400 °F vor. Den Teig mit der Eigelbmischung bestreichen. Machen Sie mit einer Rasierklinge oder einem sehr scharfen Messer vier diagonale Schnitte über die Oberseite. Backen Sie das Brot etwa 30 Minuten lang, bis es goldbraun ist und beim Klopfen auf den Boden hohl klingt.

6. Schieben Sie das Brot auf einen Rost, um es vollständig abzukühlen. In Folie einwickeln und bis zu 24 Stunden bei Raumtemperatur lagern oder bis zu 1 Monat einfrieren.

Käsebrot nach Markenart

Ciaccia

Machen Sie einen 9-Zoll-runden Laib

Die Region Marken in Mittelitalien ist vielleicht nicht gerade bekannt, wenn es um Essen geht, hat aber viel zu bieten. Entlang der Küste gibt es ausgezeichnete Meeresfrüchte, während im Landesinneren, wo es schroffe Berge gibt, die Küche herzhaft ist und Wild und Trüffel bietet. Eine lokale Spezialität ist Ciauscolo, eine weiche Wurst aus sehr fein gemahlenem Schweinefleisch, gewürzt mit Knoblauch und Kräutern, die auf Brot gestrichen werden kann. Dieses leckere Brot aus zwei Käsesorten wird als Snack oder als Vorspeise mit einem Glas Wein serviert. Köstlich für ein Picknick mit hartgekochten Eiern, Salami und Salat.

1 Umschlag (2 1/2 TL) aktive Trockenhefe oder 2 TL Instanthefe

1 Tasse warme Milch (100 bis 110 °F)

2 große Eier, geschlagen

2 EL Olivenöl

1/2 Tasse frisch geriebener Pecorino Romano

½ Tasse geriebener Parmigiano-Reggiano

Etwa 3 Tassen ungebleichtes Allzweckmehl

½ TL Salz

½ TL frisch gemahlener schwarzer Pfeffer

1. Die Hefe in einer großen Schüssel über die Milch streuen. Etwa 2 Minuten stehen lassen, bis die Hefe cremig ist. Rühren, bis sich die Hefe aufgelöst hat.

2. Eier, Öl und Käse hinzufügen und gut verrühren. Mehl, Salz und Pfeffer mit einem Holzlöffel unterrühren, bis ein weicher Teig entsteht. Den Teig auf eine leicht bemehlte Fläche legen. Kneten Sie den Teig etwa 10 Minuten lang, bis er glatt und elastisch ist. Fügen Sie bei Bedarf mehr Mehl hinzu, um einen feuchten, aber nicht klebrigen Teig zu erhalten. (Oder bereiten Sie den Teig gemäß den Anweisungen des Herstellers in einem schweren Mixer, einer Küchenmaschine oder einer Brotmaschine zu.) Formen Sie den Teig zu einer Kugel.

3. Das Innere einer großen Schüssel einölen. Geben Sie den Teig in die Schüssel und drehen Sie ihn einmal, um die Oberseite einzufetten. Mit Frischhaltefolie abdecken und 1 1/2 Stunden gehen lassen, bis sich das Volumen verdoppelt hat.

4. Drücken Sie den Teig nach unten, um Luftblasen zu entfernen. Den Teig zu einer Kugel formen.

5. Eine 9-Zoll-Springform einfetten. Den Teig hinzufügen, abdecken und erneut etwa 45 Minuten gehen lassen, bis sich das Volumen verdoppelt hat.

6. Stellen Sie den Rost in die Mitte des Ofens. Heizen Sie den Ofen auf 375 °F vor. Bestreichen Sie die Oberseite des Teigs mit dem Eigelb. Etwa 35 Minuten goldbraun backen.

7. 10 Minuten in der Pfanne abkühlen lassen. Entfernen Sie die Seiten der Form und legen Sie das Brot auf einen Rost, um es vollständig abzukühlen. In Folie einwickeln und bis zu 24 Stunden bei Raumtemperatur lagern oder bis zu 1 Monat einfrieren.

Goldene Maisbrötchen

Panini d'Oro

Ergibt 8 bis 10 Portionen

Kleine runde Brötchen, belegt mit einer halben Kirschtomate, erhalten ihre goldene Farbe durch Maismehl. Aus dem Teig werden Kugeln geformt, die beim Backen zu einem Laib verschmelzen. Die Sandwiches können als ganzes Brot serviert werden, wobei jeder sein eigenes Brot abreißt. Diese schmecken besonders lecker zu einem Suppenabendessen oder mit Käse.

1 Umschlag (2 1/2 TL) aktive Trockenhefe oder 2 TL Instanthefe

1/2 Tasse warmes Wasser (100 bis 110 °F)

1/2 Tasse Milch

1/4 Tasse Olivenöl

Etwa 2 Tassen ungebleichtes Allzweckmehl

1/2 Tasse feines gelbes Maismehl

1 Teelöffel Salz

10 Kirschtomaten, halbiert

1. Streuen Sie die Hefe in einer großen Schüssel über das Wasser. Etwa 2 Minuten stehen lassen, bis die Hefe cremig ist. Rühren, bis sich die Hefe aufgelöst hat. Milch und 2 Esslöffel Öl einrühren.

2. In einer großen Schüssel Mehl, Maismehl und Salz vermischen.

3. Die trockenen Zutaten zur Flüssigkeit geben und verrühren, bis ein Teig entsteht. Den Teig auf eine leicht bemehlte Fläche legen. Kneten Sie den Teig etwa 10 Minuten lang, bis er glatt und elastisch ist. Fügen Sie bei Bedarf mehr Mehl hinzu, um einen feuchten, leicht klebrigen Teig zu erhalten. (Oder bereiten Sie den Teig gemäß den Anweisungen des Herstellers in einem schweren Mixer, einer Küchenmaschine oder einer Brotmaschine zu.) Formen Sie den Teig zu einer Kugel.

4. Das Innere einer großen Schüssel einölen. Den Teig dazugeben und einmal wenden, um die Oberseite einzuölen. Mit Frischhaltefolie abdecken und an einem warmen, zugfreien Ort 1 1/2 Stunden gehen lassen.

5. Eine 10-Zoll-Springform einfetten. Drücken Sie den Teig nach unten, um Luftblasen zu entfernen. Den Teig vierteln. Jedes Viertel in 5 gleich große Stücke schneiden. Rollen Sie jedes Stück zu einer Kugel. Ordnen Sie die Stücke in der Pfanne an. Eine halbierte Tomate mit der Schnittfläche nach unten in die Mitte jedes Teigstücks drücken. Mit Frischhaltefolie abdecken und an einem warmen Ort 45 Minuten gehen lassen, bis sich der Teig verdoppelt hat.

6. Stellen Sie den Rost in die Mitte des Ofens. Heizen Sie den Ofen auf 400 °F vor. Den Teig mit den restlichen 2 EL Olivenöl beträufeln. 30 Minuten backen oder bis es goldbraun ist.

7. Entfernen Sie die Seiten der Pfanne. Schieben Sie die Brötchen zum Abkühlen auf einen Rost. In Folie einwickeln und bis zu 24 Stunden bei Raumtemperatur lagern oder bis zu 1 Monat einfrieren.

Schwarzes Olivenbrot

Pane di Olive

Ergibt zwei 12-Zoll-Brote

Dieses Brot besteht aus einer Vorspeise, einer Mischung aus Mehl, Wasser und Hefe. Der Starter geht separat auf und wird dem Teig hinzugefügt, um dem Brot zusätzlichen Geschmack zu verleihen. Planen Sie ein, die Vorspeise mindestens 1 Stunde oder bis zu einem Tag im Voraus zuzubereiten.

Während ich für dieses Rezept im Allgemeinen aromatische italienische schwarze Oliven verwende, können auch grüne Oliven verwendet werden. Oder probieren Sie eine Mischung aus verschiedenen Olivensorten. Dieses Brot ist in der Region Venetien beliebt.

1 Umschlag (2 1/2 TL) aktive Trockenhefe oder 2 TL Instanthefe

2 Tassen heißes Wasser (100 bis 110 °F)

Etwa 4 1/2 Tassen ungebleichtes Allzweckmehl

1/2 Tasse Vollkornmehl

2 Teelöffel Salz

2 EL Olivenöl

1 1/2 Tassen aromatische schwarze Oliven, z. B. Gaeta, entkernt und grob gehackt

1. Streuen Sie in einer mittelgroßen Schüssel die Hefe über 1 Tasse Wasser. Etwa 2 Minuten stehen lassen, bis die Hefe cremig ist. Rühren, bis sich die Hefe aufgelöst hat. 1 Tasse Allzweckmehl einrühren, mit Plastikfolie abdecken und an einem kühlen Ort etwa 1 Stunde oder über Nacht stehen lassen, bis sich Blasen bilden. (Wenn das Wetter warm ist, stellen Sie den Starter in den Kühlschrank. Nehmen Sie ihn etwa eine Stunde vor der Teigzubereitung heraus.)

2. In einer großen Schüssel die restlichen 3½ Tassen Allzweckmehl, Vollkornmehl und Salz verrühren. Den Starter, die restliche 1 Tasse heißes Wasser und das Öl hinzufügen. Mit einem Holzlöffel verrühren, bis ein weicher Teig entsteht.

3. Den Teig auf eine leicht bemehlte Arbeitsfläche geben und etwa 10 Minuten lang kneten, bis er glatt und elastisch ist. Bei Bedarf noch mehr Mehl hinzufügen, um einen feuchten und leicht klebrigen Teig zu erhalten. (Oder bereiten Sie den Teig gemäß den Anweisungen des Herstellers in einem schweren Mixer,

einer Küchenmaschine oder einer Brotmaschine zu.) Formen Sie den Teig zu einer Kugel.

4. Das Innere einer großen Schüssel einölen. Den Teig hinzufügen und einmal wenden, um die Oberseite einzufetten. Mit Frischhaltefolie abdecken und an einem warmen Ort etwa 1 1/2 Stunden gehen lassen, bis sich sein Volumen verdoppelt hat.

5. Ein großes Backblech einfetten. Den Teig flach drücken, um Luftblasen zu entfernen. Die Oliven kurz unterkneten, den Teig halbieren und jedes Stück zu einem etwa 12 Zentimeter großen Laib formen. Legen Sie die Brote mit einigen Zentimetern Abstand auf das vorbereitete Backblech. Mit Frischhaltefolie abdecken und etwa 1 Stunde gehen lassen, bis sich das Volumen verdoppelt hat.

6. Stellen Sie den Rost in die Mitte des Ofens. Heizen Sie den Ofen auf 400 °F vor. Mit einer einschneidigen Rasierklinge oder einem scharfen Messer drei bis vier schräge Schnitte in die Oberfläche jedes Laibs machen. 40 bis 45 Minuten backen oder bis es goldbraun ist.

7. Schieben Sie die Brote zum Abkühlen auf einen Rost. In Folie einwickeln und bis zu 24 Stunden bei Raumtemperatur lagern oder bis zu 1 Monat einfrieren.

Stromboli-Brot

Rotolo di Pane

Ergibt zwei 10-Zoll-Brote

Soweit ich weiß, ist dieses mit Käse und Wurstwaren gefüllte Brot eine italienisch-amerikanische Kreation, möglicherweise inspiriert von der sizilianischen Bonata, einem um eine Füllung gewickelten und zu einem Laib gebackenen Brotteig. Stromboli ist ein berühmter sizilianischer Vulkan, daher ist der Name wahrscheinlich eine Anspielung auf die Füllung, die aus den Dampfquellen sickert und wie geschmolzene Lava aussieht. Servieren Sie das Brot als Vorspeise oder Snack.

1 TL aktive Trockenhefe oder 2 TL Instanthefe

¾ Tasse heißes Wasser (100° bis 110°F)

Etwa 2 Tassen ungebleichtes Allzweckmehl

1 Teelöffel Salz

4 Unzen geriebener milder Provolone oder Schweizer Käse

2 Unzen dünn geschnittene Salami

4 Unzen geschnittener Schinken

1 Eigelb mit 2 EL Wasser verquirlt

1. Streuen Sie die Hefe in einer großen Schüssel über das Wasser. Etwa 2 Minuten stehen lassen, bis die Hefe cremig ist. Rühren, bis sich die Hefe aufgelöst hat.

2. Mehl und Salz hinzufügen. Mit einem Holzlöffel verrühren, bis ein weicher Teig entsteht. Geben Sie den Teig auf eine leicht bemehlte Arbeitsfläche und kneten Sie ihn etwa 10 Minuten lang, bis er glatt und elastisch ist. Fügen Sie nach Bedarf mehr Mehl hinzu, um einen feuchten, aber nicht klebrigen Teig zu erhalten. (Oder bereiten Sie den Teig gemäß den Anweisungen des Herstellers in einem schweren Mixer, einer Küchenmaschine oder einer Brotmaschine zu.)

3. Das Innere einer großen Schüssel einölen. Geben Sie den Teig in die Schüssel und drehen Sie ihn einmal, um die Oberseite einzuölen. Mit Plastikfolie abdecken. An einen warmen, zugfreien Ort stellen und etwa 1 1/2 Stunden gehen lassen, bis sich das Volumen verdoppelt hat.

4. Nehmen Sie den Teig aus der Schüssel und drücken Sie ihn vorsichtig flach, um eventuelle Luftblasen zu entfernen. Den Teig halbieren und zu zwei Kugeln formen. Legen Sie die Kugeln auf eine bemehlte Arbeitsfläche und bedecken Sie sie jeweils mit einer Schüssel. 1 Stunde gehen lassen oder bis sich das Volumen verdoppelt hat.

5. Stellen Sie einen Ofenrost in die Mitte des Ofens. Heizen Sie den Ofen auf 400 °F vor. Ein großes Backblech einfetten.

6. Auf einer leicht bemehlten Oberfläche ein Teigstück mit einem Nudelholz zu einem 30 cm großen Kreis ausrollen. Die Hälfte der Käsescheiben auf dem Teig verteilen. Mit der Hälfte des Schinkens und der Salami belegen. Rollen Sie den Teig und die Füllung fest zu einem Zylinder zusammen. Drücken Sie die Naht zusammen, um sie abzudichten. Legen Sie die Rolle mit der Naht nach unten auf das Backblech. Falten Sie die Teigenden unter die Rolle. Mit den restlichen Zutaten wiederholen.

7. Die Brötchen mit der Eigelbmischung bestreichen. Schneiden Sie mit einem Messer vier flache Schlitze in gleichmäßigem Abstand oben in den Teig. 30 bis 35 Minuten backen oder bis es goldbraun ist.

8. Zum leichten Abkühlen auf einen Rost legen. Heiß servieren, in diagonale Scheiben schneiden. In Folie einwickeln und bis zu 24 Stunden bei Raumtemperatur lagern oder bis zu 1 Monat einfrieren.

Walnusskäsebrot

Pan Nociato

Ergibt zwei 8-Zoll-runde Brote

Mit Salami, Oliven und einer Flasche Rotwein ist dieses umbrische Brot eine köstliche Mahlzeit. Diese Version ist herzhaft, aber in Todi, einer der schönsten mittelalterlichen Städte der Region, habe ich eine süße Version mit Rotwein, Gewürzen und Rosinen zubereitet und in Weinblättern gebacken.

1 Umschlag (2 1/2 TL) aktive Trockenhefe oder 2 TL Instanthefe

2 Tassen heißes Wasser (100 bis 110 °F)

Etwa 4 1/2 Tassen ungebleichtes Allzweckmehl

1/2 Tasse Vollkornmehl

2 Teelöffel Salz

2 EL Olivenöl

1 Tasse geriebener Pecorino Toscano

1 Tasse gehackte Walnüsse, geröstet

1. Streuen Sie in einer mittelgroßen Schüssel die Hefe über 1 Tasse Wasser. Etwa 2 Minuten stehen lassen, bis die Hefe cremig ist. Rühren, bis sich die Hefe aufgelöst hat.

2. In einer großen Schüssel 4 Tassen Allzweckmehl, Vollkornmehl und Salz verrühren. Fügen Sie die Hefemischung, die restliche 1 Tasse warmes Wasser und das Öl hinzu. Mit einem Holzlöffel verrühren, bis ein weicher Teig entsteht. Den Teig auf eine leicht bemehlte Arbeitsfläche geben und etwa 10 Minuten lang kneten, bis er glatt und elastisch ist. Bei Bedarf noch mehr Mehl hinzufügen, um einen feuchten, leicht klebrigen Teig zu erhalten. (Oder bereiten Sie den Teig gemäß den Anweisungen des Herstellers in einem schweren Mixer, einer Küchenmaschine oder einer Brotmaschine zu.)

3. Das Innere einer großen Schüssel einölen. Den Teig hinzufügen und einmal wenden, um die Oberseite einzufetten. Mit Frischhaltefolie abdecken und an einem warmen Ort etwa 1 1/2 Stunden gehen lassen, bis sich sein Volumen verdoppelt hat.

4. Ein großes Backblech einfetten. Den Teig flach drücken, um Luftblasen zu entfernen. Käse und Nüsse darüberstreuen und gleichmäßig kneten, um die Zutaten zu verteilen. Den Teig halbieren und jedes Stück zu einem runden Laib formen. Legen Sie die Brote mit einigen Zentimetern Abstand auf das vorbereitete Backblech. Mit Frischhaltefolie abdecken und etwa 1 Stunde gehen lassen, bis sich das Volumen verdoppelt hat.

5. Stellen Sie den Ofenrost in die Mitte des Ofens. Heizen Sie den Ofen auf 400 °F vor. Mit einer einschneidigen Rasierklinge oder einem scharfen Messer drei bis vier schräge Schnitte in die Oberfläche jedes Laibs machen. Backen, bis die Brote goldbraun sind und beim Klopfen auf den Boden hohl klingen, etwa 40 bis 45 Minuten.

6. Schieben Sie die Brote auf einen Rost, um sie vollständig abzukühlen. Bei Zimmertemperatur servieren. In Folie einwickeln und bis zu 24 Stunden bei Raumtemperatur lagern oder bis zu 1 Monat einfrieren.

Tomatenröllchen

Panini al Pomodoro

Ergibt 8 Rollen

Tomatenmark verleiht diesen Brötchen eine schöne orangerote Farbe und verleiht ihnen einen Hauch Tomatengeschmack. Als Zahnpasta verwende ich gerne das in Tuben erhältliche doppelt konzentrierte Tomatenmark. Es hat einen schönen süßen Tomatengeschmack und da die meisten Rezepte nur einen oder zwei Esslöffel der Paste erfordern, können Sie so viel verwenden, wie Sie benötigen, und dann die Tube verschließen und im Kühlschrank aufbewahren, im Gegensatz zu Tomatenmark aus der Dose.

Obwohl ich bei Tomaten nicht oft an Venetien denke, sind diese Sandwiches dort beliebt.

1 Umschlag (2 1/2 TL) aktive Trockenhefe oder 2 TL Instanthefe

1/2 Tasse plus 3/4 Tasse heißes Wasser (100° bis 110°F)

1/4 Tasse Tomatenmark

2 EL Olivenöl

Etwa 23/4 Tassen ungebleichtes Allzweckmehl

2 Teelöffel Salz

1 Teelöffel getrockneter Oregano, zerbröckelt

1. Streuen Sie in einer mittelgroßen Schüssel die Hefe über 1/2 Tasse Wasser. Etwa 2 Minuten stehen lassen, bis die Hefe cremig ist. Rühren, bis sich die Hefe aufgelöst hat. Das Tomatenpüree und das restliche Wasser hinzufügen und glatt rühren. Das Olivenöl einrühren.

2. In einer großen Rührschüssel Mehl, Salz und Oregano verrühren.

3. Gießen Sie die Flüssigkeit zu den trockenen Zutaten. Mit einem Holzlöffel verrühren, bis ein weicher Teig entsteht. Den Teig auf eine leicht bemehlte Arbeitsfläche geben und etwa 10 Minuten lang kneten, bis er glatt und elastisch ist. Bei Bedarf noch mehr Mehl hinzufügen, um einen feuchten, leicht klebrigen Teig zu erhalten. (Oder bereiten Sie den Teig gemäß den Anweisungen des Herstellers in einem schweren Mixer, einer Küchenmaschine oder einer Brotmaschine zu.)

4. Das Innere einer großen Schüssel einölen. Den Teig hinzufügen und einmal wenden, um die Oberseite einzufetten. Mit Frischhaltefolie abdecken und 1 1/2 Stunden gehen lassen, bis sich der Teig verdoppelt hat.

5. Ein großes Backblech einfetten. Den Teig flach drücken, um Luftblasen zu entfernen. Den Teig in 8 gleich große Stücke schneiden. Aus jedem Stück eine Kugel formen. Legen Sie die Kugeln mit einigen Zentimetern Abstand auf das Backblech. Mit Plastikfolie abdecken und etwa 1 Stunde gehen lassen, bis sich das Volumen verdoppelt hat.

6. Stellen Sie den Rost in die Mitte des Ofens. Heizen Sie den Ofen auf 400 °F vor. Backen Sie die Brötchen etwa 20 Minuten lang, bis sie goldbraun sind und beim Klopfen auf den Boden hohl klingen.

7. Schieben Sie die Brötchen auf einen Rost, um sie vollständig abzukühlen. Bei Zimmertemperatur servieren. In Folie verpackt bis zu 24 Stunden lagern oder bis zu 1 Monat einfrieren.

Ländliche Brioche

Brioche Rustikal

Ergibt 8 Portionen

Butteriger und eieriger Brioche-Teig, der wahrscheinlich um 1700 von französischen Köchen in Neapel eingeführt wurde, wird mit gehacktem Prosciutto und Käse verfeinert. Dieses leckere Brot eignet sich hervorragend als Antipasti oder serviert es vor oder nach dem Essen mit einem Salat. Beachten Sie, dass dieser Teig glatt geschlagen und nicht geknetet wird.

½ Tasse warme Milch (100° bis 110°F)

1 Umschlag (2 1/2 TL) aktive Trockenhefe oder 2 TL Instanthefe

4 Esslöffel (1/2 Stange) ungesalzene Butter, bei Zimmertemperatur

1 Esslöffel Zucker

1 Teelöffel Salz

2 große Eier, zimmerwarm

Etwa 2 1/2 Tassen ungebleichtes Allzweckmehl

½ Tasse gehackter frischer Mozzarella, trocken tupfen, falls feucht

½ Tasse gehacktes Provolone

½ Tasse gehackter Prosciutto

1. Gießen Sie die Milch in eine kleine Schüssel und streuen Sie die Hefe hinein. Etwa 2 Minuten stehen lassen, bis die Hefe cremig ist. Rühren, bis sich die Hefe aufgelöst hat.

2. In einer großen, schweren Rührschüssel oder Küchenmaschine Butter, Zucker und Salz verrühren, bis alles gut vermischt ist. Die Eier unterrühren, die Milchmischung mit einem Holzlöffel unterrühren, das Mehl dazugeben und glatt rühren. Der Teig wird klebrig sein.

3. Den Teig auf einer leicht bemehlten Arbeitsfläche zu einer Kugel formen. Mit einer umgedrehten Schüssel abdecken und 30 Minuten ruhen lassen.

4. Eine 10-Zoll-Rohr- oder Gugelhupfform einfetten und bemehlen.

5. Ein Nudelholz leicht bemehlen. Rollen Sie den Teig zu einem 22 x 8 Zoll großen Rechteck aus. Verteilen Sie Käse und Fleisch auf dem Teig und lassen Sie an den Längsseiten einen Rand von 2,5 cm frei. Beginnen Sie an einer Längsseite und rollen Sie den Teig fest zu einem Zylinder. Drücken Sie die Naht zusammen, um sie abzudichten. Legen Sie die Rolle mit der Naht nach unten in die

vorbereitete Form. Drücken Sie die Enden zusammen, um sie zu verschließen. Decken Sie die Pfanne mit Plastikfolie ab. Lassen Sie den Teig an einem warmen, zugfreien Ort etwa 1 1/2 Stunden gehen, bis sich sein Volumen verdoppelt hat.

6. Stellen Sie den Ofenrost in die Mitte des Ofens. Heizen Sie den Ofen auf 350 °F vor. Backen Sie die Brote etwa 35 Minuten lang, bis sie goldbraun sind und hohl klingen, wenn Sie auf den Boden klopfen.

7. Schieben Sie die Brote auf einen Rost, um sie vollständig abzukühlen. Bei Zimmertemperatur servieren. In Folie einwickeln und bis zu 24 Stunden bei Raumtemperatur lagern oder bis zu 1 Monat einfrieren.

Sardisches Notenpapierbrot

Carta de Musica

Ergibt 8 bis 12 Portionen

Große Blätter hauchdünnen Brotes werden auf Sardinien „Musikpapier" genannt, weil Brot früher wie Papier zur einfacheren Lagerung aufgerollt wurde. Die Sarden schneiden die Schalen in kleinere Stücke, um sie zu den Mahlzeiten oder als Snack mit weichem Ziegen- oder Schafskäse zu essen, oder sie in Suppe einzuweichen oder sie mit Saucen wie Nudeln zu bedecken. Grieß findet man in vielen Fachgeschäften oder in Katalogen wie dem King Arthur Flour Baker's Catalog (siehe).Quellen).

Etwa 1 1/4 Tassen ungebleichtes Allzweckmehl oder Brotmehl

1 1/4 dl feiner Grieß

1 Teelöffel Salz

1 Tasse warmes Wasser

1. Mischen Sie in einer großen Schüssel das Allzweck- oder Brotmehl, den Grieß und das Salz. Mit einem Holzlöffel das Wasser einrühren, bis ein weicher Teig entsteht.

2. Den Teig auf einer leicht bemehlten Oberfläche auskratzen. Kneten Sie den Teig und fügen Sie bei Bedarf zusätzliches Mehl hinzu, bis ein fester Teig glatt und elastisch ist (ca. 5 Minuten). Den Teig zu einer Kugel formen. Mit einer umgedrehten Schüssel abdecken und 1 Stunde bei Zimmertemperatur ruhen lassen.

3. Stellen Sie den Rost in die Mitte des Ofens. Heizen Sie den Ofen auf 450 °F vor.

4. Teilen Sie den Teig in sechs Stücke. Rollen Sie mit einem Nudelholz auf einer leicht bemehlten Oberfläche ein Stück Teig zu einem 30 cm großen Kreis aus, der dünn genug ist, dass Sie Ihre Hand hindurch sehen können, wenn Sie ihn gegen das Licht halten. Den Teig über das Nudelholz legen, um ihn anzuheben. Legen Sie den Teig auf ein ungefettetes Backblech und achten Sie darauf, eventuelle Falten zu glätten.

5. Etwa 2 Minuten lang backen oder bis die Oberseite des Laibs gerade fest ist. Schützen Sie eine Hand mit einem Topflappen, halten Sie in der anderen Hand einen großen Metallspatel und drehen Sie den Teig um. Noch ca. 2 Minuten backen oder bis es leicht gebräunt ist.

6. Übertragen Sie das Brot auf einen Rost, um es vollständig abzukühlen. Mit dem restlichen Teig wiederholen.

7. Zum Servieren jedes Blatt in 2 oder 4 Teile brechen. Bewahren Sie Reste an einem trockenen Ort in einem wiederverschließbaren Plastikbeutel auf.

Variation: Um es als Vorspeise zu servieren, erwärmen Sie das Brot auf einem Backblech im niedrigen Ofen 5 Minuten lang oder bis es warm ist. Stapeln Sie die Stücke auf einem Teller und beträufeln Sie jede Schicht mit nativem Olivenöl extra und grobem Salz oder gehacktem frischem Rosmarin. Heiß servieren.

Fladenbrot mit roten Zwiebeln

Focaccia all Cipolle Rosso

Ergibt 8 bis 10 Portionen

Der Teig für diese Focaccia ist sehr feucht und klebrig, daher wird er ohne Kneten vollständig in einer Schüssel vermischt. Mischen Sie es von Hand mit einem Holzlöffel oder verwenden Sie einen leistungsstarken Elektromixer, eine Küchenmaschine oder eine Brotmaschine. Ein langes, langsames Aufgehen verleiht diesem Brot einen köstlichen Geschmack und eine leichte Kuchentextur. Während die meisten Focaccia warm am besten schmecken, ist diese saftig genug, um bei Zimmertemperatur zu halten.

1 Umschlag (2 1/2 TL) aktive Trockenhefe oder Instanthefe

1/2 Tasse warmes Wasser (100 bis 110 °F)

1 1/2 dl Milch, zimmerwarm

6 Esslöffel Olivenöl

Etwa 5 Tassen ungebleichtes Allzweckmehl

2 Esslöffel fein gehackter frischer Rosmarin

2 Teelöffel Salz

½ Tasse grob gehackte rote Zwiebel

1. In einer mittelgroßen Schüssel die Hefe über das warme Wasser streuen. Etwa 2 Minuten stehen lassen, bis die Hefe cremig ist. Rühren, bis sich die Hefe aufgelöst hat. Milch und 4 Esslöffel Öl dazugeben und verrühren.

2. Mehl, Rosmarin und Salz in einer großen, schweren Rührschüssel oder Küchenmaschine verrühren. Die Hefemischung dazugeben und verrühren, bis ein weicher Teig entsteht. Etwa 3 bis 5 Minuten lang kneten, bis es glatt und elastisch ist. Der Teig wird klebrig sein.

3. Eine große Schüssel einfetten. Den Teig in die Schüssel kratzen und mit Plastikfolie abdecken. An einem warmen, zugfreien Ort etwa 1 1/2 Stunden gehen lassen, bis sich das Volumen verdoppelt hat.

4. Eine 13×9×2 Zoll große Backform einölen. Den Teig in die Form kratzen und gleichmäßig verteilen. Mit Plastikfolie abdecken und 1 Stunde gehen lassen, bis sich das Volumen verdoppelt hat.

5. Stellen Sie den Ofenrost in die Mitte des Ofens. Heizen Sie den Ofen auf 450 °F vor.

6. Drücken Sie Ihre Fingerspitzen fest in den Teig, um Vertiefungen in einem Abstand von etwa 2,5 cm und einer Tiefe von 1/2 Zoll zu erzeugen. Die Oberfläche mit den restlichen 2 Esslöffeln Olivenöl beträufeln und die Zwiebelscheiben darauf verteilen. Mit grobem Salz bestreuen. Knusprig und goldbraun backen, etwa 25 bis 30 Minuten.

7. Schieben Sie die Focaccia zum Abkühlen auf einen Rost. In Quadrate schneiden. Warm oder bei Zimmertemperatur servieren. In Folie verpackt bis zu 24 Stunden bei Raumtemperatur lagern.

Fladenbrot mit Weißwein

Focaccia al Vino

Ergibt 8 bis 10 Portionen

Weißwein verleiht dieser Focaccia nach Genua-Art einen einzigartigen Geschmack. Normalerweise wird es mit groben Meersalzkristallen gekrönt, Sie können es jedoch bei Bedarf durch frischen Salbei oder Rosmarin ersetzen. In Genua wird es zu jeder Mahlzeit gegessen, auch zum Frühstück, und Schulkinder holen sich beim Bäcker ein Stück als Snack. Der Teig für diese Focaccia ist sehr feucht und klebrig, daher ist es am besten, ihn in einem Hochleistungsmixer oder einer Küchenmaschine zuzubereiten.

Diese Focaccia wird mit einer Vorspeise zubereitet – einer Kombination aus Hefe, Mehl und Wasser, die vielen Broten zusätzlichen Geschmack und eine gute Textur verleiht. Die Vorspeise kann innerhalb einer Stunde oder bis zu 24 Stunden vor der Zubereitung des Brotes zubereitet werden, planen Sie also entsprechend.

1 Umschlag (2 1/2 TL) aktive Trockenhefe oder 2 TL Instanthefe

1 Tasse heißes Wasser (100 bis 110 °F)

Etwa 4 Tassen ungebleichtes Allzweckmehl

2 Teelöffel Salz

½ Tasse trockener Weißwein

¼ Tasse Olivenöl

Belag

3 Esslöffel natives Olivenöl extra

1 Teelöffel grobes Meersalz

1. Für die Vorspeise die Hefe über das Wasser streuen. Etwa 2 Minuten stehen lassen, bis die Hefe cremig ist. Rühren, bis sich die Hefe aufgelöst hat. 1 Tasse Mehl einrühren, bis eine glatte Masse entsteht. Mit Plastikfolie abdecken und etwa 1 Stunde oder bis zu 24 Stunden bei Raumtemperatur ruhen lassen. (Wenn das Wetter warm ist, stellen Sie den Starter in den Kühlschrank. Nehmen Sie ihn etwa eine Stunde vor der Teigzubereitung heraus.)

2. Kombinieren Sie 3 Tassen Mehl und Salz in einem Hochleistungsmixer oder einer Küchenmaschine. Vorspeise, Wein und Öl hinzufügen. Den Teig etwa 3 bis 5 Minuten lang

kneten, bis er glatt und elastisch ist. Es wird sehr klebrig sein, aber fügen Sie kein Mehl hinzu.

3. Das Innere einer großen Schüssel einölen. Den Teig hinzufügen. Mit Frischhaltefolie abdecken und an einem warmen, zugfreien Ort etwa 1 1/2 Stunden gehen lassen, bis sich sein Volumen verdoppelt hat.

4. Fetten Sie ein großes Backblech oder eine 15×10×1 Zoll große Jelly-Roll-Form ein. Den Teig flach drücken. Legen Sie es in die Pfanne, tupfen Sie es ab und dehnen Sie es mit den Händen, bis es passt. Mit Plastikfolie abdecken und etwa 1 Stunde gehen lassen, bis sich das Volumen verdoppelt hat.

5. Stellen Sie den Rost in die Mitte des Ofens. Heizen Sie den Ofen auf 425 °F vor. Drücken Sie den Teig mit den Fingerspitzen fest, um auf der gesamten Oberfläche Vertiefungen im Abstand von etwa 2,5 cm zu hinterlassen. Mit den 3 Esslöffeln Öl beträufeln. Mit Meersalz bestreuen. 25 bis 30 Minuten backen oder bis es knusprig und goldbraun ist.

6. Legen Sie die Focaccia auf einen Rost und lassen Sie sie etwas abkühlen. In Quadrate oder Rechtecke schneiden und heiß servieren.

Fladenbrot mit sonnengetrockneten Tomaten

Focaccia di Pomodori Secchi

Ergibt 8 bis 10 Portionen

Für diese Focaccia in freier Form eignen sich feuchte, marinierte, sonnengetrocknete Tomaten. Wenn Sie nur die getrockneten, nicht rekonstituierten Tomaten haben, weichen Sie diese einfach einige Minuten in heißem Wasser ein, bis sie prall sind.

1 TL aktive Trockenhefe

1 Tasse heißes Wasser (100 bis 110 °F)

Etwa 3 Tassen ungebleichtes Allzweckmehl

1 Teelöffel Salz

4 Esslöffel natives Olivenöl extra

8 bis 10 marinierte, sonnengetrocknete Tomaten, abgetropft und geviertelt

Eine Prise getrockneter Oregano, zerbröckelt

1. Streuen Sie die Hefe über das Wasser. Etwa 2 Minuten stehen lassen, bis die Hefe cremig ist. Rühren, bis sich die Hefe aufgelöst hat. 2 Esslöffel Öl hinzufügen.

2. In einer großen Schüssel Mehl und Salz verrühren. Die Hefemischung hinzufügen und mit einem Holzlöffel verrühren, bis ein weicher Teig entsteht.

3. Den Teig auf eine leicht bemehlte Fläche legen. Kneten Sie den Teig etwa 10 Minuten lang, bis er glatt und elastisch ist. Fügen Sie bei Bedarf mehr Mehl hinzu, um einen feuchten, leicht klebrigen Teig zu erhalten. (Oder bereiten Sie den Teig gemäß den Anweisungen des Herstellers in einem schweren Mixer, einer Küchenmaschine oder einer Brotmaschine zu.) Formen Sie den Teig zu einer Kugel.

4. Das Innere einer großen Schüssel einölen. Den Teig dazugeben und einmal wenden, um die Oberseite einzuölen. Mit Frischhaltefolie abdecken und an einem warmen, zugfreien Ort etwa 1 1/2 Stunden gehen lassen, bis sich sein Volumen verdoppelt hat.

5. Fetten Sie ein großes Backblech oder eine runde 12-Zoll-Pizzaform ein. Legen Sie den Teig auf die Pfanne. Fetten Sie Ihre Hände ein und drücken Sie den Teig zu einem Kreis von 30 cm aus. Mit Frischhaltefolie abdecken und etwa 45 Minuten gehen lassen, bis sich das Volumen verdoppelt hat.

6. Stellen Sie den Ofenrost in die Mitte des Ofens. Heizen Sie den Ofen auf 450 °F vor. Machen Sie mit den Fingerspitzen etwa 2,5 cm voneinander entfernte Vertiefungen in den Teig. In jede Kerbe ein Stück Tomate drücken. Mit den restlichen 2 Esslöffeln Olivenöl beträufeln und mit den Fingern verteilen. Mit Oregano bestreuen. 25 Minuten backen oder bis es goldbraun ist.

7. Die Focaccia auf ein Schneidebrett schieben und in Quadrate schneiden. Heiß servieren.

Römisches Kartoffelbrot

Pizza di Pate

Ergibt 8 bis 10 Portionen

Während die Römer viel Pizza mit den typischen Belägen essen, ist ihre erste Liebe Pizza Bianca, „weiße Pizza", ein langes, rechteckiges Fladenbrot, das der Focaccia nach Genua-Art ähnelt, nur knuspriger und ungleichmäßiger. Pizza Bianca wird meist nur mit Salz und Olivenöl belegt, beliebt ist aber auch die Variante mit dünnen Scheiben knuspriger Kartoffeln.

1 Umschlag (2 1/2 TL) aktive Trockenhefe oder 2 TL Instanthefe

1 Tasse heißes Wasser (100 bis 110 °F)

Etwa 3 Tassen ungebleichtes Allzweckmehl

1 TL Salz und mehr für die Kartoffeln

6 Esslöffel Olivenöl

1 Pfund gelbe Kartoffeln, z. B. Yukon Gold, geschält und in sehr dünne Scheiben geschnitten

Frisch gemahlener schwarzer Pfeffer

1. Streuen Sie die Hefe über das Wasser. Etwa 2 Minuten stehen lassen, bis die Hefe cremig ist. Rühren, bis sich die Hefe aufgelöst hat.

2. In einer großen Schüssel 3 Tassen Mehl und 1 Teelöffel Salz vermischen. Die Hefemischung und 2 Esslöffel Öl hinzufügen. Mit einem Holzlöffel verrühren, bis ein weicher Teig entsteht. Geben Sie den Teig auf eine leicht bemehlte Arbeitsfläche und kneten Sie ihn etwa 10 Minuten lang, bis er glatt und elastisch ist. Fügen Sie nach Bedarf mehr Mehl hinzu, um einen feuchten, aber nicht klebrigen Teig zu erhalten. (Oder bereiten Sie den Teig gemäß den Anweisungen des Herstellers in einem schweren Mixer, einer Küchenmaschine oder einer Brotmaschine zu.)

3. Das Innere einer großen Schüssel einölen. Den Teig hinzufügen und einmal wenden, um die Oberseite einzufetten. Mit Plastikfolie abdecken. An einem warmen, zugfreien Ort etwa 1 1/2 Stunden gehen lassen, bis sich das Volumen verdoppelt hat.

4. Eine 15 × 10 × 1 Zoll große Pfanne einölen. Den Teig vorsichtig flach drücken und in die Form geben. Den Teig dehnen und schlagen, damit er in die Form passt. Mit Frischhaltefolie abdecken und etwa 45 Minuten gehen lassen, bis sich das Volumen verdoppelt hat.

5. Stellen Sie den Rost in die Mitte des Ofens. Den Ofen auf 200 °C vorheizen. In einer Schüssel die Kartoffeln mit den restlichen 4 Esslöffeln Olivenöl sowie Salz und Pfeffer nach Geschmack vermischen. Legen Sie die Scheiben leicht überlappend auf den Teig.

6. 30 Minuten backen. Erhöhen Sie die Hitze auf 450 °F. Backen Sie weitere 10 Minuten oder bis die Kartoffeln zart und gebräunt sind. Schieben Sie die Pizza auf einen Tisch und schneiden Sie sie in Quadrate. Heiß servieren.

Gebackenes Brot aus der Emilia-Romagna

Piadine

Ergibt 8 Brote

Piadina ist ein rundes Fladenbrot, das auf einem Backblech oder Stein gebacken wird und in der Emilia-Romagna beliebt ist. In den Küstenstädten entlang der Adriaküste erscheinen im Sommer bunt gestreifte Stoffstände an Straßenecken. Zur Mittagszeit öffnen die Stände und die uniformierten Bediener rollen und backen Piadine nach Wunsch auf flachen Backblechen. Die warme Piadine mit einem Durchmesser von etwa neun Zentimetern wird in der Mitte gefaltet und dann mit Käse, Prosciutto-Scheiben, Salami oder sautiertem Gemüse (z. B. Käse) gefüllt.Eskariol mit Knoblauch) und als Sandwich gegessen.

Obwohl Piadine normalerweise aus Schmalz zubereitet wird, verwende ich stattdessen Olivenöl, da frisches Schmalz nicht immer verfügbar ist. Als Antipasti oder Snack die Piadine in Würfel schneiden.

3 1/2 Tassen ungebleichtes Allzweckmehl

1 Teelöffel Salz

1 Teelöffel Backpulver

1 Tasse warmes Wasser

¼ Tasse frisches Schmalz, geschmolzen und abgekühlt, oder Olivenöl

Gekochtes Gemüse, geschnittenes Fleisch oder Käse

1. Mehl, Salz und Backpulver in einer großen Schüssel verrühren. Wasser und Schmalz oder Öl hinzufügen. Mit einem Holzlöffel verrühren, bis ein weicher Teig entsteht. Den Teig auf eine leicht bemehlte Fläche geben und kurz durchkneten, bis er glatt ist. Den Teig zu einer Kugel formen. Mit einer umgedrehten Schüssel abdecken und 30 Minuten bis 1 Stunde ruhen lassen.

2. Den Teig in 8 gleich große Stücke schneiden. Lassen Sie die restlichen Stücke abgedeckt und rollen Sie ein Stück Teig zu einem Kreis von 20 cm aus. Wiederholen Sie den Vorgang mit dem restlichen Teig und stapeln Sie die Kreise mit einem Stück Wachspapier dazwischen.

3. Den Ofen auf 250°F vorheizen. Erhitzen Sie eine große beschichtete Bratpfanne oder Pfannkuchenpfanne bei mittlerer Hitze, bis es sehr heiß ist und ein Tropfen Wasser brutzelt und schnell verschwindet, wenn er auf die Oberfläche trifft. Legen Sie einen Kreis Teig auf die Oberfläche und lassen Sie ihn 30 bis 60

Sekunden lang backen, oder bis die Piadina anfängt, fest zu werden und goldbraun zu werden. Drehen Sie den Teig um und lassen Sie ihn weitere 30 bis 60 Sekunden backen, oder bis die andere Seite schön gebräunt ist.

4. Die Piadina in Folie einwickeln und im Ofen warm halten, während die restlichen Teigkreise auf die gleiche Weise zubereitet werden.

5. Zum Servieren Gemüse oder Schinken-, Salami- oder Käsescheiben auf eine Seite einer Piadina legen. Falten Sie die Piadina über die Füllung und essen Sie sie wie ein Sandwich.

Grissini

Grissini

Ergibt etwa 6 Dutzend Grissini

Mit einer Nudelmaschine, die mit dem Fettuccine-Schneider ausgestattet ist, können auch lange, dünne Grissini, sogenannte Grissini, hergestellt werden. (Ich gebe auch Anweisungen, wenn Sie den Grissini-Teig von Hand schneiden möchten oder müssen.) Variieren Sie den Geschmack, indem Sie dem Teig gemahlenen schwarzen Pfeffer oder getrocknete Kräuter wie gehackten Rosmarin, Thymian oder Oregano hinzufügen.

1 Umschlag (2 1/2 TL) aktive Trockenhefe oder 2 TL Instanthefe

1 Tasse heißes Wasser (100 bis 110 °F)

2 Esslöffel natives Olivenöl extra

Etwa 2 1/2 Tassen ungebleichtes Allzweckmehl oder Brotmehl

1 Teelöffel Salz

2 Esslöffel gelbes Maismehl

1. Streuen Sie die Hefe in einer großen Schüssel über das Wasser. Etwa 2 Minuten stehen lassen, bis die Hefe cremig ist. Rühren, bis sich die Hefe aufgelöst hat.

2. Das Olivenöl einrühren und 2 1/2 dl Mehl und Salz hinzufügen. Rühren, bis ein weicher Teig entsteht.

3. Den Teig auf einer leicht bemehlten Oberfläche etwa 10 Minuten lang kneten, bis er fest und elastisch ist. Bei Bedarf zusätzliches Mehl hinzufügen, um einen nicht klebrigen Teig zu erhalten. (Oder bereiten Sie den Teig gemäß den Anweisungen des Herstellers in einem schweren Mixer, einer Küchenmaschine oder einer Brotmaschine zu.)

4. Das Innere einer großen Schüssel einölen. Geben Sie den Teig in die Schüssel und drehen Sie ihn einmal, um die Oberseite einzufetten. Mit Frischhaltefolie abdecken und an einem warmen, zugfreien Ort etwa 1 1/2 Stunden gehen lassen, bis sich sein Volumen verdoppelt hat.

5. Stellen Sie zwei Roste in die Mitte des Ofens. Heizen Sie den Ofen auf 350 °F vor. Bestäuben Sie zwei große Backbleche mit Maismehl.

6. Den Teig kurz durchkneten, um Luftblasen zu entfernen. Den Teig in 6 Stücke teilen. Ein Stück Teig zu einem 12,7 x 10 x 1/4

Zoll großen Oval flach drücken. Bestäuben Sie es mit zusätzlichem Mehl, damit es nicht klebrig wird. Den restlichen Teig abgedeckt halten.

7. Führen Sie ein kurzes Ende des Teigs in den Fettuccine-Schneider einer Nudelmaschine ein und schneiden Sie den Teig in 1/4-Zoll-Streifen. Um den Teig von Hand zu schneiden, drücken Sie ihn mit einem Nudelholz auf einem Schneidebrett flach. Mit einem großen, schweren, in Mehl getauchten Messer in 1/4-Zoll-Streifen schneiden.

8. Legen Sie die Streifen im Abstand von 1,27 cm auf eines der vorbereiteten Backbleche. Mit dem restlichen Teig wiederholen. 20 bis 25 Minuten backen oder bis es leicht gebräunt ist, dabei die Pfannen nach etwa der Hälfte der Zeit drehen.

9. In Pfannen auf einem Kuchengitter abkühlen lassen. In einem luftdichten Behälter bis zu 1 Monat aufbewahren.

Fenchelringe

Taralli al Finocchio

Ergibt 3 Dutzend Ringe

Taralli sind knusprige, ringförmige Grissini. Sie können einfach mit Olivenöl oder mit gemahlenem rotem Pfeffer, schwarzem Pfeffer, Oregano oder anderen Gewürzen gewürzt werden und sind in ganz Süditalien beliebt. Es gibt auch süße Taralli, die sich hervorragend zum Dippen in Wein oder zum Kaffee eignen. Taralli können nur einen Cent oder mehrere Zentimeter groß sein, sind aber immer hart und knusprig. Ich serviere sie gerne mit Wein und Käse.

1 Umschlag (2 1/2 EL) aktive Trockenhefe oder 2 TL Instanthefe

1/4 Tasse heißes Wasser (100° bis 110°F)

1 Tasse ungebleichtes Allzweckmehl

1 Tasse Grieß

1 EL Fenchelsamen

1 Teelöffel Salz

1/3 Tasse trockener Weißwein

¼ Tasse Olivenöl

1. Streuen Sie die Hefe in einem Messbecher über das Wasser. Etwa 2 Minuten stehen lassen, bis die Hefe cremig ist. Rühren, bis sich die Hefe aufgelöst hat.

2. In einer großen Schüssel die beiden Mehlsorten, Fenchel und Salz verrühren. Hefemischung, Wein und Öl hinzufügen. Rühren, bis ein weicher Teig entsteht, etwa 2 Minuten. Den Teig auf eine leicht bemehlte Oberfläche geben und etwa 10 Minuten lang kneten, bis er glatt und elastisch ist. Den Teig zu einer Kugel formen.

3. Das Innere einer großen Schüssel einölen. Geben Sie den Teig in die Schüssel und drehen Sie ihn einmal, um die Oberseite einzufetten. Abdecken und an einem warmen, zugfreien Ort etwa 1 Stunde gehen lassen, bis sich das Volumen verdoppelt hat.

4. Teilen Sie den Teig in Drittel und dann jedes Drittel in zwei Hälften, sodass 6 gleiche Stücke entstehen. Den Rest mit einer umgedrehten Schüssel abdecken und ein Stück in 6 gleich große Stücke schneiden. Rollen Sie die Stücke in 10 cm große Stücke aus. Formen Sie jeden zu einem Ring und drücken Sie die Enden

zusammen, um ihn zu verschließen. Mit dem restlichen Teig wiederholen.

5. Legen Sie mehrere fusselfreie Papiertücher bereit. Füllen Sie eine große Pfanne zur Hälfte mit Wasser. Bringen Sie das Wasser zum Kochen. Fügen Sie die Teigringe nach und nach hinzu. (Nicht abseihen.) 1 Minute kochen lassen oder bis die Ringe an die Oberfläche steigen. Entfernen Sie die Ringe mit einem Schaumlöffel und legen Sie sie zum Abtropfen auf Küchenpapier. Mit dem restlichen Teig wiederholen.

6. Stellen Sie zwei Roste in die Mitte des Ofens. Heizen Sie den Ofen auf 350 °F vor. Legen Sie die Teigringe im Abstand von 2,5 cm auf zwei große, ungefettete Backbleche. Etwa 45 Minuten lang goldbraun backen, dabei die Pfannen nach etwa der Hälfte der Zeit drehen. Schalten Sie den Ofen aus und öffnen Sie die Tür ein wenig. Lassen Sie die Ringe 10 Minuten im Ofen abkühlen.

7. Legen Sie die Ringe zum Abkühlen auf einen Rost. In einem luftdichten Behälter bis zu 1 Monat aufbewahren.

Wassermelonengranit

Granita di Cocomero

Ergibt 6 Portionen

Der Geschmack dieser Granita ist so konzentriert und die Kühle so erfrischend, dass sie vielleicht sogar besser als frische Wassermelone ist. Es ist ein Favorit auf Sizilien, wo die Sommer extrem heiß sein können.

1 Tasse Wasser

1/2 Tasse Zucker

4 Tassen Wassermelonenstücke, entkernt

2 Esslöffel frischer Zitronensaft oder nach Geschmack

1. Mischen Sie das Wasser mit dem Zucker in einem kleinen Topf. Bei mittlerer Hitze zum Kochen bringen und unter gelegentlichem Rühren ca. 3 Minuten kochen lassen, bis sich der Zucker aufgelöst hat. Etwas abkühlen lassen und dann ca. 1 Stunde in den Kühlschrank stellen, bis es kalt ist.

2. Kühlen Sie eine 13×9×2 Zoll große Metallpfanne im Gefrierschrank. Die Wassermelonenstücke in einen Mixer oder

eine Küchenmaschine geben und glatt rühren. Durch ein feinmaschiges Sieb in eine Schüssel gießen, um alle Kernstückchen zu entfernen. Sie sollten etwa 2 Tassen Saft haben.

3. In einer großen Schüssel Saft und Sirup verrühren. Nach Geschmack Zitronensaft hinzufügen.

4. Nehmen Sie die Pfanne aus dem Gefrierschrank und gießen Sie die Mischung hinein. 30 Minuten lang einfrieren oder bis sich an den Rändern ein 2,5 cm breiter Rand aus Eiskristallen bildet. Rühren Sie die Eiskristalle in die Mitte der Mischung. Stellen Sie die Pfanne wieder in den Gefrierschrank und gefrieren Sie unter Rühren alle 30 Minuten weiter, bis die gesamte Flüssigkeit gefroren ist, etwa 2 bis 2 1/2 Stunden. Sofort servieren oder die Mischung in einen Plastikbehälter füllen, abdecken und bis zu 24 Stunden im Kühlschrank lagern.

5. Etwa 15 Minuten vor dem Servieren aus dem Gefrierschrank nehmen.

Mandarine Granita

Granita di Mandarino

Ergibt 4 Portionen

Süditalien ist reich an Zitrusfrüchten aller Art. Ich habe diese Granita in Taranto in Apulien gegessen. Auf diese Weise lassen sich Mandarinen-, Tangelo-, Clementinen- oder Mandarinensaft zubereiten.

Lassen Sie sich nicht dazu verleiten, dieser Mischung noch mehr Alkohol hinzuzufügen, da der Alkohol sonst dazu führen könnte, dass sie nicht gefriert.

1 Tasse gekühltEinfacher Syrup

1 Tasse frischer Mandarinensaft (von etwa 4 mittelgroßen Mandarinen)

1 Teelöffel frisch geriebene Mandarinenschale

2 Esslöffel Mandarinen- oder Orangenlikör

1. Bei Bedarf den einfachen Sirup zubereiten und im Kühlschrank aufbewahren. Als nächstes stellen Sie eine 13×9×2 Zoll große Metallpfanne in den Gefrierschrank.

2. In einer großen Schüssel Saft, Schale, Sirup und Likör verrühren, bis alles gut vermischt ist. Nehmen Sie die abgekühlte Pfanne aus dem Gefrierschrank und gießen Sie die Flüssigkeit in die Pfanne.

3. Stellen Sie die Pfanne für 30 Minuten in den Gefrierschrank oder bis sich an den Rändern 2,5 cm dicke Eiskristalle bilden. Rühren Sie die Eiskristalle in die Mitte der Mischung. Stellen Sie die Pfanne wieder in den Gefrierschrank und gefrieren Sie unter Rühren alle 30 Minuten weiter, bis die gesamte Flüssigkeit gefroren ist, etwa 2 bis 2 1/2 Stunden. Sofort servieren oder die Mischung in einen Plastikbehälter füllen, abdecken und bis zu 24 Stunden im Kühlschrank lagern.

4. Etwa 15 Minuten vor dem Servieren aus dem Gefrierschrank nehmen.

Erdbeerwein Granita

Granita di Fragola al Vino

Ergibt 6 bis 8 Portionen

Das schmeckt köstlich mit frischen reifen Erdbeeren, aber auch halbgebackene Erdbeeren schmecken in dieser Granita hervorragend.

2 Pints Erdbeeren, abgespült und geschält

½ Tasse Zucker oder nach Geschmack

1 Tasse trockener Weißwein

2 bis 3 Esslöffel frischer Zitronensaft

1. Stellen Sie eine 13×9×2 Zoll große Pfanne zum Abkühlen in den Gefrierschrank. Die Erdbeeren halbieren oder, wenn sie groß sind, vierteln. Erdbeeren, Zucker und Wein in einem großen Topf vermischen. Zum Kochen bringen und unter gelegentlichem Rühren 5 Minuten kochen lassen, bis sich der Zucker aufgelöst hat. Vom Herd nehmen und abkühlen lassen. Mindestens 1 Stunde kühl stellen, bis es kalt ist.

2. Geben Sie die Mischung in eine Küchenmaschine oder einen Mixer. Pürieren, bis eine glatte Masse entsteht. Den Zitronensaft nach Geschmack einrühren.

3. Nehmen Sie die abgekühlte Pfanne aus dem Gefrierschrank und gießen Sie die Mischung in die Pfanne. Stellen Sie die Pfanne für 30 Minuten in den Gefrierschrank oder bis sich an den Rändern 2,5 cm dicke Eiskristalle bilden. Rühren Sie die Eiskristalle in die Mitte der Mischung. Stellen Sie die Pfanne wieder in den Gefrierschrank und gefrieren Sie unter Rühren alle 30 Minuten weiter, bis die gesamte Flüssigkeit gefroren ist, etwa 2 bis 2 1/2 Stunden. Sofort servieren oder die Mischung in einen Plastikbehälter füllen, abdecken und bis zu 24 Stunden im Kühlschrank lagern.

4. Etwa 15 Minuten vor dem Servieren aus dem Gefrierschrank nehmen.

Kaffeegranit

Granita di Caffe

Ergibt 8 Portionen

Das Caffè Tazza d'Oro in der Nähe des Pantheon in Rom bietet den besten Kaffee der Stadt. Im Sommer wechseln Touristen und Einheimische gleichermaßen zu ihrer Granita di Caffè, einem Espresso-Eis, das mit oder ohne einem Schuss frischer Schlagsahne serviert wird. Es ist einfach zuzubereiten und erfrischend nach einem Sommeressen.

4 Tassen Wasser

5 gehäufte Teelöffel Instant-Espressopulver

2 bis 4 Esslöffel Zucker

Schlagsahne (optional)

1. Stellen Sie eine 13×9×2 Zoll große Pfanne zum Abkühlen in den Gefrierschrank. Bringen Sie das Wasser zum Kochen. Vom Herd nehmen. Instant-Espressopulver und Zucker nach Geschmack einrühren. Etwas abkühlen lassen und abdecken. Etwa 1 Stunde lang in den Kühlschrank stellen, bis es abgekühlt ist.

2. Nehmen Sie die abgekühlte Pfanne aus dem Gefrierschrank und gießen Sie den Kaffee in die Pfanne. Einfrieren, bis sich an den Rändern 2,5 cm dicke Eiskristalle bilden. Rühren Sie die Eiskristalle in die Mitte der Mischung. Stellen Sie die Pfanne wieder in den Gefrierschrank und gefrieren Sie unter Rühren alle 30 Minuten weiter, bis die gesamte Flüssigkeit gefroren ist, etwa 2 bis 2 1/2 Stunden.

3. Bei Verwendung mit Schlagsahne sofort servieren oder die Mischung in einen Plastikbehälter füllen, abdecken und bis zu 24 Stunden im Kühlschrank lagern.

4. Etwa 15 Minuten vor dem Servieren aus dem Gefrierschrank nehmen.

Zitrusfrüchte und Campari Granita

Granita di Agrumi und Campari

Ergibt 6 Portionen

Campari, ein leuchtend roter Aperitif, wird normalerweise vor einer Mahlzeit auf Eis getrunken oder mit Limonade gemischt. Für diese Granita wird sie mit Zitronensaft kombiniert. Der Campari hat eine angenehm bittere Note, die sehr erfrischend ist, und der Granita hat eine schöne rosa Farbe.

1 Tasse Wasser

½ Tasse Zucker

2 Tassen frisch gepresster Grapefruitsaft

1 Tasse frisch gepresster Orangensaft

1 TL geriebene Orangenschale

¾ Tasse Campari

1. Stellen Sie eine 13 x 9 x 2 Zoll große Pfanne in den Gefrierschrank, um sie mindestens 15 Minuten lang abzukühlen. Wasser und Zucker in einem kleinen Topf vermischen. Bei mittlerer Hitze zum Kochen bringen und unter gelegentlichem

Rühren kochen, bis sich der Zucker aufgelöst hat. Gründlich rühren. Vom Herd nehmen und abkühlen lassen. Den Sirup abkühlen lassen.

2.Den abgekühlten Sirup, Saft, Campari und Orangenschale verrühren.

3.Nehmen Sie die abgekühlte Pfanne aus dem Gefrierschrank und gießen Sie die Mischung in die Pfanne. Stellen Sie die Pfanne für 30 Minuten in den Gefrierschrank oder bis sich an den Rändern 2,5 cm dicke Eiskristalle bilden. Rühren Sie die Eiskristalle in die Mitte der Mischung. Stellen Sie die Pfanne wieder in den Gefrierschrank und gefrieren Sie unter Rühren alle 30 Minuten weiter, bis die gesamte Flüssigkeit gefroren ist, etwa 2 bis 2 1/2 Stunden. Sofort servieren oder die Mischung in einen Plastikbehälter füllen, abdecken und bis zu 24 Stunden im Kühlschrank lagern.

4.Etwa 15 Minuten vor dem Servieren aus dem Gefrierschrank nehmen.

Weißer Pfirsich und Prosecco Granita

Granita di Pesche und Prosecco

Ergibt 6 Portionen

Diese Granita ist vom Bellini inspiriert, einem köstlichen Cocktail, der durch Harry's Bar in Venedig berühmt wurde. Ein Bellini wird aus dem Saft weißer Pfirsiche und Prosecco, einem prickelnden Weißwein aus der Region Venetien, hergestellt.

Superfeiner Zucker lässt sich leichter mischen als Kristallzucker, aber wenn Sie ihn nicht finden können, verwenden Sie etwas GekühltesEinfacher SyrupProben.

5 halbreife weiße Pfirsiche, geschält und gehackt

½ Tasse feinster Zucker

2 Esslöffel frischer Zitronensaft oder nach Geschmack

1 Tasse Prosecco oder anderer trockener Weißwein

1. Stellen Sie eine 13 x 9 x 2 Zoll große Pfanne in den Gefrierschrank, um sie mindestens 15 Minuten lang abzukühlen. Pfirsiche, feinsten Zucker und Zitronensaft in einem Mixer oder einer Küchenmaschine vermischen. Mischen oder verarbeiten, bis sich der Zucker vollständig aufgelöst hat. Den Wein einrühren.

2. Nehmen Sie die abgekühlte Pfanne aus dem Gefrierschrank und gießen Sie die Mischung in die Pfanne. Stellen Sie die Pfanne für 30 Minuten in den Gefrierschrank oder bis sich an den Rändern 2,5 cm dicke Eiskristalle bilden. Rühren Sie die Eiskristalle in die Mitte der Mischung. Stellen Sie die Pfanne wieder in den Gefrierschrank und gefrieren Sie unter Rühren alle 30 Minuten weiter, bis die gesamte Flüssigkeit gefroren ist, etwa 2 bis 2 1/2 Stunden. Sofort servieren oder die Mischung in einen Plastikbehälter füllen, abdecken und bis zu 24 Stunden im Kühlschrank lagern.

3. Etwa 15 Minuten vor dem Servieren aus dem Gefrierschrank nehmen.

Schokoladensorbet

Schokoladensorbet

Ergibt 6 Portionen

Ein Sorbet ist ein gefrorenes Dessert mit einer glatten Konsistenz, das für die Cremigkeit Milch oder Eiweiß enthält. Dies ist meine Version des Sorbets, das ich im Caffè Florian gegessen habe, einem historischen Café und Teezimmer am Markusplatz in Venedig.

½ Tasse Zucker

3 Unzen bittersüße Schokolade, gebrochen

1 Tasse Wasser

1 Tasse Vollmilch

1. Alle Zutaten in einem kleinen Topf vermischen. Bei mittlerer Hitze zum Kochen bringen. Unter ständigem Rühren mit einem Schneebesen ca. 5 Minuten kochen, bis alles gut vermischt und glatt ist.

2. Gießen Sie die Mischung in eine mittelgroße Schüssel. Abdecken und im Kühlschrank aufbewahren, bis es abgekühlt ist.

3. Befolgen Sie die Anweisungen des Herstellers auf Ihrem Gefrierschrank oder frieren Sie es in flachen Pfannen ein, bis es fest, aber nicht hart ist, etwa 2 Stunden lang. Die Mischung in eine Rührschüssel geben und glatt rühren. In einen Plastikbehälter verpacken, abdecken und im Gefrierschrank aufbewahren. Innerhalb von 24 Stunden servieren.

Prosecco-Zitronenbrei

Scroppino

Ergibt 4 Portionen

Venezianer beenden ihre Mahlzeiten gerne mit einem Sgroppino, einem raffinierten cremigen Slush aus Zitronensorbet, geschlagen mit Prosecco, einem trockenen, schäumenden Weißwein. Es muss in letzter Minute zubereitet werden und ist ein schönes Dessert, das man am Tisch zubereiten kann. Ich serviere es gerne in einem Martiniglas. Verwenden Sie ein im Laden gekauftes Zitronensorbet oder ein hochwertiges Sorbet. Es ist nicht traditionell, aber Orange wäre auch gut.

1 Tasse Zitronensorbet

1 Tasse sehr kalter Prosecco oder anderer trockener Sekt

Minzezweige

1. Stellen Sie einige Stunden vor dem Servieren des Desserts 4 hohe Gläser oder Parfaitgläser in den Kühlschrank.

2. Das Sorbet kurz vor dem Servieren aus dem Gefrierschrank nehmen. Bei Zimmertemperatur etwa 10 Minuten stehen lassen, bis es weich genug ist, um es löffeln zu können. Gießen Sie das

Sorbet in eine mittelgroße Schüssel. Schlagen, bis es weich und glatt ist.

3. Den Prosecco langsam hinzufügen und kurz mit einem Schneebesen schlagen, bis eine cremige und glatte Masse entsteht. Gießen Sie den Slush schnell in die gekühlten Weingläser oder Martini-Gläser. Mit Minze garnieren. Sofort servieren.

Rosa Prosecco-Slush

Sgroppino alle Fragole

Ergibt 6 Portionen

Wenn die frischen Erdbeeren auf Ihrem Markt nicht reif sind und nicht duften, probieren Sie für dieses einfache Dessert gefrorene Erdbeeren.

1 Tasse geschnittene Erdbeeren

1 bis 2 Esslöffel Zucker

1 Tasse Zitronensorbet

1 Tasse Prosecco oder anderer trockener Sekt

Kleine frische Erdbeeren oder Zitronenscheiben zur Dekoration

1. Stellen Sie 6 große Gläser oder Parfaitgläser einige Stunden vor dem Servieren des Desserts in den Kühlschrank.

2. Geben Sie Erdbeeren und 1 Esslöffel Zucker in eine Küchenmaschine oder einen Mixer. Die Beeren pürieren, bis sie glatt sind. Schmecken Sie nach Süße. Bei Bedarf mehr Zucker hinzufügen.

3. Das Sorbet kurz vor dem Servieren aus dem Gefrierschrank nehmen. Bei Zimmertemperatur etwa 10 Minuten stehen lassen, bis es weich genug ist, um es löffeln zu können. Gießen Sie das Sorbet in eine mittelgroße Schüssel. Schlagen, bis es weich und glatt ist. Das Erdbeerpüree unterrühren, den Wein schnell unterrühren und so lange schlagen, bis die Masse cremig und glatt ist. In die gekühlten Gläser füllen. Mit Erdbeeren oder Zitronenscheiben garnieren und sofort servieren.

Eiscreme

Crema-Eis

Ergibt 6 bis 8 Portionen

Ein Hauch von Zitrone verleiht diesem leichten, frisch schmeckenden Gelato den letzten Schliff. Ich liebe es, es zuzubereiten, wenn lokale Erdbeeren Saison haben, und sie zusammen zu servieren.

3 Tassen Vollmilch

4 Eigelb

²/3 Tasse Zucker

1 TL reiner Vanilleextrakt

1 TL abgeriebene Zitronenschale

1. Erhitzen Sie die Milch in einem mittelgroßen Topf bei mittlerer Hitze, bis sich am Topfrand kleine Bläschen bilden. Kochen Sie die Milch nicht. Vom Herd nehmen.

2. In einer hitzebeständigen Rührschüssel Eigelb und Zucker schlagen, bis eine dicke, gut vermengte Masse entsteht. Fügen Sie die heiße Milch hinzu, zunächst langsam und unter

ständigem Rühren, bis die gesamte Milch eingearbeitet ist. Zitronenschale unterrühren.

3. Gießen Sie die Mischung zurück in die Pfanne. Stellen Sie die Pfanne auf mittlere Hitze. Unter ständigem Rühren mit einem Holzlöffel kochen, bis Dampf aus der Pfanne aufsteigt und die Vanillesoße leicht eindickt (ca. 5 Minuten).

4. Die Sahne durch ein Sieb in eine Schüssel gießen. Fügen Sie die Vanille hinzu. Etwas abkühlen lassen, abdecken und etwa 1 Stunde im Kühlschrank lagern, bis es vollständig abgekühlt ist.

5. In einer Eismaschine gemäß den Anweisungen des Herstellers einfrieren. Packen Sie das Eis in einen Plastikbehälter, decken Sie es ab und frieren Sie es bis zu 24 Stunden lang ein.

Zitroneneis

Gelato al Limone

Ergibt etwa 3 bis 4 Portionen

Sie benötigen zwei oder drei große Zitronen, um genügend Saft und Schale für dieses einfache und köstliche Eis zu erhalten.

1/3 Tasse frisch gepresster Zitronensaft

1 Esslöffel frisch geriebene Zitronenschale

1 Tasse Zucker

1 Pint halb und halb

1. Zitronensaft, -schale und Zucker in einer mittelgroßen Schüssel vermischen und gut umrühren. 30 Minuten stehen lassen.

2. Die Hälfte zur Hälfte dazugeben und gut umrühren. Gießen Sie die Mischung in den Behälter einer Eismaschine und befolgen Sie die Anweisungen des Herstellers zum Einfrieren.

3. Packen Sie das Eis in einen Plastikbehälter, decken Sie es ab und frieren Sie es bis zu 24 Stunden lang ein.

Ricotta-Eis

Ricotta-Eis

Ergibt 6 bis 8 Portionen

Ricotta-Eis ist eine Lieblingssorte bei Giolitti, einer der vielen hervorragenden römischen Gelaterias. Jeden Sommerabend versammeln sich große Menschenmengen, um Waffeln mit köstlichem Eis zu kaufen.

Zur Eismischung können ein paar Esslöffel gehackte Schokolade oder Pistazien hinzugefügt werden. Servieren Sie dieses reichhaltige Eis in kleinen Portionen, eventuell mit etwas Orangenlikör oder Rum bestreut.

Sowohl kandierte Orangenschale als auch Zitrone sind in italienischen und nahöstlichen Fachgeschäften oder im Versandhandel erhältlichQuellen.

16 Unzen frischer ganzer oder teilentrahmter Ricotta

½ Tasse Zucker

2 Esslöffel süßer oder trockener Marsala

1 TL reiner Vanilleextrakt

½ Tasse gekühlte Schlagsahne oder Schlagsahne

2 Esslöffel gehackte Zitrone

2 Esslöffel gehackte kandierte Orangenschale

1. Stellen Sie mindestens 20 Minuten vor der Zubereitung des Desserts eine große Schüssel und schlagen Sie es mit einem Elektromixer in den Kühlschrank. Geben Sie den Ricotta in ein feinmaschiges Sieb über einer Schüssel. Drücken Sie den Ricotta mit einem Gummispatel durch das Sieb in die Schüssel. Zucker, Marsala und Vanille unterrühren.

2. Nehmen Sie die Schüssel und die Schneebesen aus dem Kühlschrank. Gießen Sie die Sahne in die Schüssel und schlagen Sie die Sahne etwa 4 Minuten lang mit hoher Geschwindigkeit, bis sie beim Anheben der Rührgeräte sanft ihre Form behält.

3. Mit einem flexiblen Spatel die Sahne, die Zitronenschale und die Zitronenschale unter die Ricotta-Mischung heben. Die Mischung in die Schüssel einer Eismaschine geben und gemäß den Anweisungen des Herstellers einfrieren.

4. Packen Sie das Eis in einen Plastikbehälter, decken Sie es ab und frieren Sie es bis zu 24 Stunden lang ein.

Mascarpone-Eis

Mascarpone-Eis

Ergibt 4 Portionen

Mascarpone macht dieses Gelato reichhaltiger als das übliche Gelato.

1 Tasse Vollmilch

1 Tasse Zucker

½ Tasse Mascarpone

½ Tasse frisch gepresster Zitronensaft

1 TL abgeriebene Zitronenschale

1. Milch und Zucker in einem kleinen Topf vermischen. Bei schwacher Hitze unter häufigem Rühren ca. 3 Minuten kochen, bis sich der Zucker aufgelöst hat. Etwas abkühlen lassen.

2. Mascarpone unterrühren und glatt rühren. Zitronensaft und -schale hinzufügen.

3. In einer Eismaschine gemäß den Anweisungen des Herstellers einfrieren.

4. Packen Sie das Eis in einen Plastikbehälter, decken Sie es ab und frieren Sie es bis zu 24 Stunden lang ein.

Zimteis

Zimt-Gelato

Ergibt 6 Portionen

In einem Sommer vor ein paar Jahren wurde in Italien dieses Eis serviertWarme Beerensauce, und ich habe es immer wieder gerne gegessen. Das Eis ist pur köstlich, oder probieren Sie es damitMokkasauce.

2 Tassen Vollmilch

1 Tasse Schlagsahne

1 (2 Zoll) Streifen Zitronenschale

½ Teelöffel gemahlener Zimt

4 große Eigelb

½ Tasse Zucker

1. Milch, Sahne, Zitronenschale und Zimt in einem mittelgroßen Topf vermischen. Bei schwacher Hitze erhitzen, bis sich an den Rändern kleine Bläschen bilden. Vom Herd nehmen.

2. In einer großen hitzebeständigen Schüssel Eigelb und Zucker schaumig schlagen. Die heiße Milch nach und nach in die Eigelbmischung gießen und verrühren, bis alles gut vermischt ist.

3. Gießen Sie die Mischung zurück in die Pfanne. Stellen Sie die Pfanne auf mittlere Hitze. Unter ständigem Rühren mit einem Holzlöffel kochen, bis Dampf aus der Pfanne aufsteigt und die Vanillesoße leicht eindickt (ca. 5 Minuten).

4. Den Vanillepudding durch ein Sieb in eine Schüssel gießen. Abkühlen lassen. Abdecken und mindestens 1 Stunde oder über Nacht im Kühlschrank lagern. (Um die Vanillepuddingmischung schnell abzukühlen, gießen Sie sie in eine größere Schüssel mit Eiswasser. Rühren Sie die Mischung häufig um.)

5. Die Mischung in einem Eiscreme-Gefrierschrank gemäß den Anweisungen des Herstellers einfrieren. Packen Sie das Eis in einen Plastikbehälter, decken Sie es ab und frieren Sie es bis zu 24 Stunden lang ein.

Espresso-Eis

Gelato di Caffe

Ergibt 6 bis 8 Portionen

Zu Hause kochen die meisten Italiener ihren Kaffee in einer speziell dafür vorgesehenen Kanne auf dem Herd. Es drückt heißen Dampf und nicht heißes Wasser durch den Kaffee, was einen klassischen Espresso ausmacht.

Mit Espressobohnen kann man aber auch in einer gewöhnlichen Abtropfschale guten Kaffee zubereiten. Achten Sie besonders bei diesem Eis darauf, dass Sie einen hochwertigen und kräftigen Espresso verwenden. Es ist himmlisch übergossenHeiße Schokoladensauce.

2 Tassen Vollmilch

2/3 Tasse Zucker

3 große Eigelb

1 Tasse starker gebrühter Espresso

1. In einem kleinen Topf die Milch mit dem Zucker erhitzen, bis sich an den Rändern kleine Bläschen bilden (ca. 3 Minuten). Rühren, bis sich der Zucker aufgelöst hat.

2. In einer großen hitzebeständigen Schüssel das Eigelb schlagen, bis es hellgelb ist. Nach und nach die heiße Milch einrühren und die Mischung in den Topf gießen. Bei schwacher Hitze unter ständigem Rühren mit einem Holzlöffel kochen, bis Dampfschwaden von der Oberfläche aufsteigen und die Mischung leicht eingedickt ist. Gießen Sie die Mischung sofort durch ein feinmaschiges Sieb in eine Schüssel. Den aufgebrühten Kaffee einrühren, abdecken und mindestens 1 Stunde abkühlen lassen.

3. Die Mischung in einem Eiscreme-Gefrierschrank gemäß den Anweisungen des Herstellers einfrieren. Packen Sie das Eis in einen Plastikbehälter, decken Sie es ab und frieren Sie es bis zu 24 Stunden lang ein.

Walnuss-Karamell-Eis

Gelato di Noci

Ergibt 6 Portionen

Vor dem Servieren etwas Rum oder Brandy über das Eis träufeln.

1 1/4 dl Zucker

1/4 Tasse Wasser

1 Tasse Schlagsahne

2 Tassen Vollmilch

5 große Eigelb

1 TL reiner Vanilleextrakt

3/4 Tasse Walnüsse

1. Zucker und Wasser in einem kleinen, schweren Topf vermischen. Bei mittlerer Hitze unter gelegentlichem Rühren ca. 3 Minuten kochen, bis sich der Zucker vollständig aufgelöst hat. Wenn die Mischung zu kochen beginnt, hören Sie auf zu rühren und kochen Sie, bis der Sirup an den Rändern zu bräunen

beginnt. Dann die Pfanne vorsichtig über der Hitze rühren, bis der Sirup gleichmäßig goldbraun ist, etwa weitere 2 Minuten.

2. Nehmen Sie die Pfanne vom Herd. Wenn das Sprudeln aufhört, die Sahne vorsichtig einfüllen. Seien Sie vorsichtig, da das Karamell Blasen bilden kann. Wenn die gesamte Sahne hinzugefügt ist, wird das Karamell hart. Stellen Sie die Pfanne wieder auf das Feuer. Unter ständigem Rühren kochen, bis das Karamell flüssig und glatt ist. Gießen Sie die Mischung in eine große Schüssel.

3. In der gleichen Pfanne die Milch erhitzen, bis sich am Rand der Pfanne kleine Bläschen bilden (ca. 3 Minuten).

4. In einer mittelhitzebeständigen Schüssel Eigelb mit dem restlichen 1/4 Tasse Zucker schlagen, bis alles gut vermischt ist. Nach und nach die heiße Milch einrühren, die Mischung in den Topf gießen und bei schwacher Hitze unter ständigem Rühren kochen, bis Dampf von der Oberfläche aufsteigt und die Mischung leicht eindickt.

5. Gießen Sie die Eigelbmischung direkt durch ein feinmaschiges Sieb in die Schüssel mit dem Karamell. Vanille dazugeben und glatt rühren. Abdecken und mindestens 1 Stunde im Kühlschrank lagern.

6. Stellen Sie einen Rost in die Mitte des Ofens. Heizen Sie den Ofen auf 350 °F vor. Verteilen Sie die Walnüsse in einem kleinen Topf. Unter ein- oder zweimaligem Rühren 10 Minuten kochen lassen oder bis es leicht geröstet ist. Reiben Sie die Walnussstücke in einem Handtuch ab, um einen Teil der Schale zu entfernen. Abkühlen lassen. Grob hacken.

7. Die Mischung in einem Eiscreme-Gefrierschrank gemäß den Anweisungen des Herstellers einfrieren.

8. Wenn das Gelato fertig ist, die Nüsse unterrühren. Das Eis in einen Plastikbehälter füllen, abdecken und bis zu 24 Stunden einfrieren.

Honigeis mit Nougat

Gelato von Miele al Torrone

Ergibt 6 Portionen

Italiener lieben Honig, besonders wenn er von Bienen hergestellt wird, die aromatische Blumen und Bäume wie Lavendel und Kastanie bestäuben. Honig wird auf Toast gestrichen, über Käse geträufelt und zum Kochen verwendet. Dieses Gelato wird durch die Art des verwendeten Honigs aromatisiert, achten Sie also auf eines mit einem interessanten Geschmack.

In Italien gibt es zwei Arten von Torrone. Eine davon ist eine weichere Nougat-Süßigkeit, hergestellt aus Honig, Eiweiß und Nüssen. Der zweite Typ, der leicht zu Hause zubereitet werden kann (sieheMandelrock), ist eine harte Praline, hergestellt aus Zucker, Wasser und Nüssen. Beide Arten von Torrone werden auch in Riegelform verkauft und sind vor allem zur Weihnachtszeit in italienischen Lebensmittelgeschäften und Konditoreien erhältlich.

Der Torrone-Topping ist optional, aber sehr gut. Es können sowohl weiche als auch harte Typen verwendet werden.

2 Tassen Vollmilch

4 große Eigelb

½ Tasse Honig

1 Tasse Schlagsahne

Etwa 6 Esslöffel Rum oder Cognac

½ Tasse gehackter Torrone (optional)

1. Erhitzen Sie die Milch in einem mittelgroßen Topf bei schwacher Hitze, bis sich etwa 3 Minuten lang kleine Blasen am Topfrand bilden.

2. In einer großen hitzebeständigen Schüssel Eigelb und Honig glatt rühren. Nach und nach die heiße Milch einrühren, die Mischung in den Topf gießen und bei schwacher Hitze unter ständigem Rühren kochen, bis Dampf von der Oberfläche aufsteigt und die Mischung leicht eindickt.

3. Gießen Sie die Mischung sofort durch ein feinmaschiges Sieb in eine Schüssel. Sahne einrühren, abdecken und etwa 1 Stunde im Kühlschrank lagern.

4. Die Mischung in einem Eiscreme-Gefrierschrank gemäß den Anweisungen des Herstellers einfrieren. Packen Sie das Eis in einen Plastikbehälter. Abdecken und bis zu 24 Stunden

einfrieren. Servieren Sie jede Portion mit einem Esslöffel Rum oder Brandy und einer Prise gemahlenem Torrone.

Amaretti-Gelato

Gelato di Amaretti

Ergibt 6 bis 8 Portionen

Italiener lieben Amaretti – leichte, knusprige Mandelkuchen – pur oder in ihren Desserts. Knusprige Nuggets von Amaretti-Keksen bereichern dieses Gelato. Servieren Sie es mit einem Schuss Amaretto-Likör.

2 Tassen Vollmilch

4 große Eigelb

½ Tasse Zucker

1 Tasse Schlagsahne

1 TL reiner Vanilleextrakt

1 Tasse grob gemahlene Amaretti-Kekse

1. Erhitzen Sie die Milch in einem großen Topf bei schwacher Hitze, bis sich an den Rändern kleine Blasen bilden (ca. 3 Minuten).

2. In einer großen hitzebeständigen Schüssel Eigelb und Zucker verquirlen. Unter ständigem Rühren nach und nach die heiße Milch hinzufügen. Wenn die gesamte Milch hinzugefügt ist, gießen Sie die Mischung in die Pfanne. Bei mittlerer Hitze unter ständigem Rühren kochen, bis Dampfschwaden von der Oberfläche aufsteigen und die Mischung leicht eindickt.

3. Gießen Sie die Mischung sofort durch ein feinmaschiges Sieb in eine Schüssel. Sahne und Vanille hinzufügen. Abdecken und etwa 1 Stunde im Kühlschrank lagern, bis es abgekühlt ist.

4. Frieren Sie das Gelato gemäß den Anweisungen des Herstellers in einem Eiscreme-Gefrierschrank ein. Sobald es gefroren ist, die Krümel unterrühren. Das Eis in einen Plastikbehälter füllen, abdecken und bis zu 24 Stunden einfrieren.

„ertrunkenes" Eis

Gelato Affogato

Ergibt 4 Portionen

Jede Eissorte kann in heißem Espresso „übertönt" werden, aber Walnuss-Karamell und Sahne gehören zu meinen Favoriten. Das Eis schmilzt leicht und ergibt eine cremige Sauce. Wer mag, kann den Likör auch weglassen.

4 Kugeln Walnusskaramell oder Eiscreme

½ Tasse heiß gebrühter Espresso

2 Esslöffel Orangen- oder Amarettolikör (optional)

1. Bereiten Sie bei Bedarf das Eis vor. Gießen Sie das Eis in zwei Servierschüsseln.

2. Wenn Sie Likör verwenden, vermischen Sie Espresso und Likör in einer kleinen Schüssel und gießen Sie die Mischung über das Eis. Sofort servieren.

Eis mit Balsamico-Essig

Balsamico-Gelato

Ergibt 4 Portionen

Eiscreme und Essig mögen wie eine seltsame Kombination klingen, und das wäre es auch, wenn sie mit normalem Balsamico-Essig zubereitet würde. Für dieses einzigartige, in Parma beliebte Dessert sollte nur der beste gereifte Balsamico-Essig als glatte, leicht adstringierende Soße über dem süßen Eis verwendet werden. Das Angebot im Supermarkt wäre zu scharf.

4 Kugeln Premium-Vanilleeis oder gefrorener Joghurt, oderEiscreme, wird weicher

2 bis 3 Teelöffel gut gereifter Balsamico-Essig

Bereiten Sie bei Bedarf das Eis vor. Das Eis in Servierschüsseln füllen. Mit Balsamico-Essig beträufeln. Sofort servieren.

Eiscreme-Puffs

Tartufi

Ergibt 6 Portionen

Seit meiner ersten Italienreise im Jahr 1970 kann ich nicht nach Rom reisen, ohne einen kurzen Stopp bei Tre Scalini auf der Piazza Navona einzulegen und ein Tartufo zu essen. Dieses beliebte Café ist seit Jahren für seine köstlichen Eistrüffel bekannt, in feine Schokoladenflocken gerollte Eiskugeln, die ein Sauerkirschherz umgeben. Eistrüffel lassen sich ganz einfach zu Hause zubereiten und sind ein festliches Dessert. Stellen Sie sicher, dass Sie alles gut gekühlt aufbewahren und zügig arbeiten. Ein großer Eisportionierer mit federbelastetem Griff zum Herausnehmen des Eises eignet sich hierfür am besten.

4 Unzen halbsüße Schokoladenstückchen

6 italienische Sauerkirschen in Sirup (Amarena-Kirschen, erhältlich im Glas) oder Maraschino-Kirschen, geschwenkt mit etwas Brandy

2 Esslöffel gehobelte Mandeln

1 Pint Vanilleeis

1 Pint Schokoladeneis

1. Eine kleine Backform aus Metall mit Wachspapier auslegen und in den Gefrierschrank stellen. Decken Sie ein Backblech mit Aluminiumfolie ab.

2. In der unteren Hälfte eines Wasserbades oder eines mittelgroßen Topfes 5 cm Wasser zum Kochen bringen. Geben Sie die Schokoladenstückchen in die obere Hälfte des Wasserbades oder in eine Schüssel, die bequem über dem Topf steht. Lassen Sie die Schokolade etwa 5 Minuten ruhen, bis sie weich ist. Rühren, bis alles glatt ist. Kratzen Sie die geschmolzene Schokolade auf den mit Folie ausgelegten Teller. Verteilen Sie die Schokolade gleichmäßig und dünn auf der Folie. Etwa 1 Stunde im Kühlschrank lagern, bis es fest ist.

3. Sobald die Schokolade fest geworden ist, heben Sie die Folie aus der Form und brechen Sie den Schokoriegel mit einem Spatel oder Ihren Fingern in 1/2-Zoll-Stücke. Die Flocken auf dem Backblech verteilen.

4. Nehmen Sie die abgekühlte Pfanne aus dem Gefrierschrank. Tauchen Sie einen großen Eisportionierer in das Vanilleeis und füllen Sie die Kugel zur Hälfte. Tauchen Sie die Kugel in das Schokoladeneis und füllen Sie sie vollständig. Lassen Sie das Eis in der Kugel, stechen Sie ein Loch in die Mitte und geben Sie eine der Kirschen und ein paar Mandeln hinein. Das Eis über die

Füllung formen. Lassen Sie die Eisschale auf die Schokoladenflocken fallen und rollen Sie die Eiscreme schnell herum, wobei Sie die Schokolade an die Oberfläche drücken. Heben Sie das überzogene Eis mit einem Metallspatel an und geben Sie es in die gekühlte Pfanne. Stellen Sie die Pfanne wieder in den Gefrierschrank.

5. Machen Sie auf die gleiche Weise 5 weitere Eistüten. Decken Sie die Trüffel und die Pfanne mit Plastikfolie ab, bevor Sie die Pfanne wieder in den Gefrierschrank stellen. Vor dem Servieren mindestens 1 Stunde oder bis zu 24 Stunden einfrieren.

Tassen für Mandelcreme

Keks-Tortoni

Ergibt 8 Portionen

Als ich aufwuchs, war dies das Standarddessert in italienischen Restaurants, seit 15 Jahren so etwas wie Tiramisù. Obwohl es vielleicht aus der Mode gekommen ist, ist es immer noch köstlich und einfach zuzubereiten.

Für ein eleganteres Dessert gießen Sie die Mischung in Parfaitgläser oder Auflaufförmchen. Die Maraschino-Kirschen sorgen für einen Farbtupfer, Sie können sie aber auch weglassen, wenn Sie möchten.

2 Tassen gekühlte Sahne oder Schlagsahne

½ Tasse Puderzucker

2 TL reiner Vanilleextrakt

½ TL Mandelextrakt

2 Eiweiß, zimmerwarm

Prise Salz

8 Maraschinokirschen, abgetropft und gehackt (optional)

2 Esslöffel fein gehackte geröstete Mandeln

12 bis 16 importierte italienische Amaretti-Kekse, fein gemahlen (ca. 1 Tasse Krümel)

1. Stellen Sie mindestens 20 Minuten vor dem Schlagen der Sahne eine große Schüssel und die Schneebesen eines Elektromixers in den Kühlschrank. Eine Muffinform mit 8 Cupcake-Förmchen aus gefaltetem Papier oder Folie auslegen.

2. Nehmen Sie die Schüssel und die Schneebesen aus dem Kühlschrank. Gießen Sie Sahne, Zucker und Extrakte in die Schüssel und schlagen Sie die Mischung etwa 4 Minuten lang auf hoher Geschwindigkeit, bis sie beim Anheben der Rührgeräte ihre Form behält. Die Schlagsahne kühl stellen.

3. In einer großen, sauberen Schüssel mit einem sauberen Schneebesen das Eiweiß und das Salz bei niedriger Geschwindigkeit schaumig schlagen. Erhöhen Sie nach und nach die Geschwindigkeit und schlagen Sie, bis das Eiweiß beim Anheben des Rührbesens weiche Spitzen aufweist. Das Eiweiß mit einem flexiblen Spatel vorsichtig unter die Schlagsahne heben.

4. 2 Esslöffel der Amaretti-Krümel beiseite legen. Restliche Brösel, Kirschen und Mandeln unter die Sahnemasse heben. In die

vorbereiteten Muffinformen füllen. Mit den zurückbehaltenen Amaretti-Krümeln bestreuen.

5. Mit Folie abdecken und mindestens 4 Stunden oder über Nacht einfrieren. 15 Minuten vor dem Servieren aus dem Kühlschrank nehmen.

Orangen-Spumone

Spumone di Arancia

Ergibt 6 Portionen

Spumone kommt von spuma, was „Schaum" bedeutet. Es hat eine cremigere Konsistenz als normales Gelato, da das Eigelb mit dem heißen Zuckersirup zu einer dicken Creme gekocht wird. Obwohl es reich an Eigelb ist, ist es mit Eierschaum und Schlagsahne leicht und locker.

3 Nabelorangen

1 Tasse Wasser

3/4 Tasse Zucker

6 große Eigelb

1 Tasse gekühlte Sahne oder Schlagsahne

1. Die Orangen schälen und den Saft auspressen. (Es sollten 3 Esslöffel Schale und 2/3 Tasse Saft vorhanden sein.)

2. Wasser und Zucker in einem mittelgroßen Topf vermischen. Bei mittlerer Hitze zum Kochen bringen und unter gelegentlichem Rühren kochen, bis sich der Zucker aufgelöst hat.

3. In einer großen hitzebeständigen Schüssel die Eigelbe schlagen, bis alles gut vermischt ist. Den heißen Zuckersirup langsam in einem dünnen Strahl unter ständigem Rühren hinzufügen. Gießen Sie die Mischung in den Topf und kochen Sie sie bei schwacher Hitze unter Rühren mit einem Holzlöffel, bis sie leicht eingedickt ist und die Mischung den Löffel leicht bedeckt.

4. Gießen Sie die Mischung durch ein feinmaschiges Sieb in eine Schüssel. Orangensaft und -schale einrühren, abkühlen lassen, abdecken und mindestens 1 Stunde im Kühlschrank lagern. Stellen Sie eine große Schüssel und die Schneebesen eines Elektromixers in den Kühlschrank.

5. Kurz vor dem Servieren Schüssel und Schneebesen aus dem Kühlschrank nehmen. Gießen Sie die Sahne in die Schüssel und schlagen Sie die Sahne etwa 4 Minuten lang mit hoher Geschwindigkeit, bis sie beim Anheben der Rührgeräte sanft ihre Form behält. Die Sahne mit einem flexiblen Spatel vorsichtig unter die Orangenmischung heben.

6. Im Gefrierschrank gemäß den Anweisungen des Herstellers einfrieren. In einen Behälter verpacken, abdecken und einfrieren. Innerhalb von 24 Stunden servieren.

Mandel-Semifreddo

Semifreddo alle Mandorle

Ergibt 8 Portionen

Semifreddo bedeutet „halbkalt". Dieses Dessert verdankt seinen Namen der Tatsache, dass seine Konsistenz auch im gefrorenen Zustand weich und cremig bleibt. Es schmilzt leicht, also halten Sie beim Zubereiten alles sehr kalt. Heiße Schokoladensauce ist ein guter Ratgeber.

¾ Tasse gekühlte Schlagsahne oder Schlagsahne

1 TL reiner Vanilleextrakt

¾ Tasse Zucker

¼ Tasse Wasser

4 große Eier, zimmerwarm

6 Amaretti-Kekse, fein gemahlen

2 Esslöffel geröstete Mandeln, fein gehackt

2 Esslöffel gehobelte Mandeln

1. Eine 9×5×3 Zoll große Kastenform aus Metall mit Frischhaltefolie auslegen und an den Enden einen 2 Zoll großen Überstand lassen. Kühlen Sie die Pfanne im Gefrierschrank ab. Stellen Sie mindestens 20 Minuten vor dem Schlagen der Sahne eine große Schüssel und die Schneebesen eines Elektromixers in den Kühlschrank.

2. Wenn Sie fertig sind, nehmen Sie die Schüssel und die Schneebesen aus dem Kühlschrank. Gießen Sie die Sahne und die Vanille in die Schüssel und schlagen Sie die Sahne etwa 4 Minuten lang auf hoher Geschwindigkeit, bis sie beim Anheben der Rührgeräte ihre Form behält. Stellen Sie die Schüssel wieder in den Kühlschrank.

3. Zucker und Wasser in einem kleinen Topf vermischen. Bei mittlerer Hitze zum Kochen bringen und unter gelegentlichem Rühren kochen, bis sich der Zucker vollständig aufgelöst hat, etwa 2 Minuten.

4. In einer großen Rührschüssel die Eier mit dem Mixer bei mittlerer Geschwindigkeit etwa 1 Minute lang schaumig schlagen. Den warmen Zuckersirup langsam in einem dünnen Strahl unter die Eier schlagen. Weiter schlagen, bis die Mischung sehr leicht und locker ist und sich kühl anfühlt (8 bis 10 Minuten).

5. Die Schlagsahne mit einem flexiblen Spatel vorsichtig unter die Eimischung heben. Keksbrösel und gehackte Mandeln vorsichtig unterheben.

6. Kratzen Sie die Mischung in die vorbereitete Kastenform. Mit Plastikfolie fest abdecken und 4 Stunden bis über Nacht einfrieren.

7. Packen Sie die Pfanne aus. Drehen Sie eine Servierschüssel auf die Pfanne. Halten Sie Teller und Pfanne zusammen und drehen Sie beide um. Heben Sie die Pfanne ab und entfernen Sie vorsichtig die Plastikfolie. Mit den gehobelten Mandeln bestreuen.

8. Schneiden und sofort servieren.

Florentiner gefrorener Kuppelkuchen

Zucchini

Ergibt 8 Portionen

Inspiriert von der Kuppel des wunderschönen Duomo, der Kathedrale im Herzen von Florenz, ist dieses beeindruckende Dessert eigentlich ganz einfach zuzubereiten, auch weil dafür Fertigkuchen verwendet wird.

1 (12 Unzen) Pfundkuchen

2 Esslöffel Rum

2 Esslöffel Orangenlikör

Füllung

1 Pint Sahne oder Schlagsahne

¼ Tasse Puderzucker, plus mehr zum Garnieren

1 TL reiner Vanilleextrakt

4 Unzen halbsüße Schokolade, fein gehackt

2 Esslöffel gehobelte Mandeln, geröstet und abgekühlt

Frische Beeren (optional)

1. Stellen Sie mindestens 20 Minuten vor dem Schlagen der Sahne eine große Schüssel und die Schneebesen eines Elektromixers in den Kühlschrank. Eine runde 2-Liter-Schüssel oder einen Topf mit Plastikfolie auslegen. Schneiden Sie den Kuchen in maximal 1/4 Zoll dicke Scheiben. Jede Scheibe diagonal halbieren, so dass zwei dreieckige Stücke entstehen, und jeweils auf einen Teller legen.

2. In einer kleinen Schüssel Rum und Likör vermischen und die Mischung über den Kuchen streuen. Legen Sie so viele Kuchenstücke wie nötig nebeneinander mit der Spitze nach unten in die Schüssel, sodass eine Schicht entsteht. Bedecken Sie die verbleibende Innenfläche der Schüssel mit dem restlichen Kuchen und schneiden Sie die Stücke bei Bedarf ab. Eventuelle Lücken mit ausgeschnittenen Kuchenstücken füllen. Den restlichen Kuchen als Topping beiseite legen.

3. Bereiten Sie die Füllung vor: Nehmen Sie die Schüssel und die Schneebesen aus dem Kühlschrank. Die Sahne in die Schüssel geben. Puderzucker und Vanille hinzufügen. Bei hoher Geschwindigkeit etwa 4 Minuten lang schlagen, bis der Vanillepudding beim Anheben der Rührbesen sanft seine Form behält. Schokolade und Mandeln vorsichtig unterheben.

4. Gießen Sie die Sahnemischung in die Form und achten Sie darauf, den Kuchen nicht zu stören. Die restlichen Kuchenstücke schichtweise darauflegen. Decken Sie die Form fest mit Plastikfolie ab und lassen Sie sie 4 Stunden bis über Nacht einfrieren.

5. Zum Servieren die Plastikfolie entfernen und einen Servierteller auf die Schüssel stellen. Halten Sie Teller und Schüssel zusammen und drehen Sie beide um. Heben Sie die Schüssel ab. Plastikfolie entfernen und mit Puderzucker bestreuen. Ordnen Sie die Beeren rund um den Kuchen an. Zum Servieren in Würfel schneiden.

Honig-Mascarpone-Sauce

Mascarpone-Salsa

Ergibt 2 Tassen

Servieren Sie dies mit frischen Beeren oder auf Marsala-Walnuss-Kuchen.

½ Tasse Mascarpone

3 Esslöffel Honig

½ TL abgeriebene Zitronenschale

1 Tasse gekühlte Sahne, geschlagen

In einer großen Schüssel Mascarpone, Honig und Zitronenschale glatt rühren. Die Schlagsahne unterheben und sofort servieren.

Frische Erdbeersauce

Salsina di Fragole

Ergibt 1 1/2 Tasse

Auch Himbeeren lassen sich auf diese Weise zubereiten. Wenn Sie Himbeeren verwenden, gießen Sie die Sauce ab, um die Kerne zu entfernen.

1 Liter frische Erdbeeren, abgespült und geschält

3 Esslöffel Zucker, oder nach Geschmack

1/4 Tasse frischer Orangensaft

2 EL Orangenlikör, Cassis oder heller Rum

Alle Zutaten in einer Küchenmaschine oder einem Mixer vermischen. Pürieren, bis eine glatte Masse entsteht. Servieren oder in einen luftdichten Behälter geben und bis zu 24 Stunden im Kühlschrank lagern.

Warme Beerensauce

Salsina Calda di Frutti di Bosco

Ergibt etwa 2 1/2 Tassen

Diese Sauce passt hervorragend zu Zitrone, Mascarpone, Zimt oder „Eiscreme" oder einfachem Kuchen.

4 Tassen gemischte frische Beeren, wie Blaubeeren, Erdbeeren, Himbeeren und Brombeeren

1/4 Tasse Wasser

1/4 Tasse Zucker oder mehr

1. Spülen Sie die Beeren ab und entfernen Sie alle Schalen und Stiele. Die Erdbeeren halbieren oder vierteln, wenn sie groß sind.

2. Beeren, Wasser und Zucker in einem mittelgroßen Topf vermischen. Bei mittlerer Hitze zum Kochen bringen. Unter gelegentlichem Rühren kochen, bis die Beeren weich sind und der Saft leicht eingedickt ist, etwa 5 Minuten. Abschmecken und bei Bedarf noch mehr Zucker hinzufügen. Vom Herd nehmen und etwas abkühlen lassen. Servieren oder in einen luftdichten Behälter geben und bis zu 24 Stunden im Kühlschrank lagern.

Himbeersauce das ganze Jahr über

Salsa di Lampone

Ergibt etwa 2 Tassen

Auch wenn die Beeren gerade keine Saison haben, können Sie eine herrlich frisch schmeckende Soße zubereiten. Himbeergeschmack und -farbe passen besonders gut zu Desserts und Kuchen mit Mandel- und Schokoladenaromen. Für ein einfaches, aber schönes Dessert gießen Sie diese Sauce und ein paar frische Beeren auch über dünne Melonenscheiben.

Die Sauce kann auch mit gefrorenen Blaubeeren oder Erdbeeren oder einer Kombination aus Beeren zubereitet werden. Wenn Sie im Sirup keine Beeren finden, verwenden Sie ungesüßte Früchte und fügen Sie je nach Geschmack Zucker hinzu.

2 (10-Unzen) Packungen gefrorene Himbeeren in Sirup, teilweise aufgetaut

1 TL Maisstärke mit 2 EL Wasser vermischt

Etwa 1 Teelöffel frischer Zitronensaft

1. Geben Sie die Beeren durch eine Küchenmaschine mit feinem Messer oder pürieren Sie sie in einer Küchenmaschine und drücken Sie sie durch ein feinmaschiges Sieb.

2. Das Püree in einem kleinen Topf zum Kochen bringen. Die Maisstärkemischung einrühren und unter gelegentlichem Rühren etwa 1 Minute lang kochen, bis sie leicht eingedickt ist. Den Zitronensaft einrühren und etwas abkühlen lassen. Servieren oder in einen luftdichten Behälter geben und bis zu 3 Tage im Kühlschrank lagern.

Heiße Schokoladensauce

Salsa Calda al Cioccolato

Ergibt etwa 1 1/2 Tassen

Espresso verstärkt den Schokoladengeschmack dieser köstlichen Sauce, Sie können ihn aber auch weglassen, wenn Sie möchten. Mit Eis, Semifreddo oder einfachem Gebäck servieren; es passt zu einer großen Auswahl an Desserts.

8 Unzen bittersüße oder halbsüße Schokolade, gehackt

1 Tasse Schlagsahne

Geben Sie die Schokolade und die Sahne oben in ein Wasserbad oder in eine hitzebeständige Schüssel über einem Topf mit siedendem Wasser. Stehen lassen, bis die Schokolade weich ist. Rühren, bis alles glatt ist. Warm servieren oder in einen luftdichten Behälter geben und bis zu 3 Tage im Kühlschrank lagern. Sanft aufwärmen.

Heiße Mokkasauce: 1 Teelöffel Instant-Espressopulver in die Schokolade einrühren.

Kekse, Kuchen, Torten und Torten

Gehen Sie an einer Pasticceria oder Konditorei in Italien vorbei und versuchen Sie einfach, der verlockenden Präsentation von Keksen, Kuchen, Torten und Gebäck zu widerstehen. Diese Desserts sind bei Italienern beliebt, und das zu Recht. Sie sind nicht nur schön, sondern auch köstlich. Die meisten Konditoreien in Italien dienen gleichzeitig als Cafés, sodass Sie ganz einfach alles probieren können, begleitet von Ihrem Lieblingsgetränk.

Biscotti oder Kekse sind die beliebtesten und am meisten gegessenen Süßigkeiten in Italien. Sie reichen von harten, leicht süßen, keksähnlichen Keksen, die mit Cappuccino am Morgen gegessen werden, bis hin zu aufwändigeren, mit Früchten und Nüssen gefüllten Leckereien, die an Feiertagen und Feiern genossen werden. Biscotti bedeutet „Kekse". Es leitet sich von bis en cotti ab, wörtlich „nochmals gekocht" oder „zweimal gekocht". Obwohl in Italien alle Kekse Biscotti genannt werden, werden nicht alle Biscotti tatsächlich zweimal gebacken.

Die Kekse, die tatsächlich zweimal gebacken werden, sind die knusprigen Scheiben, die typisch für die Toskana, Umbrien, die Marken und andere Regionen Mittelitaliens sind. Der Teig wird zu einer langen Kugel geformt und teilweise gebacken, bis er gerade erst fest, aber in der Mitte leicht weich ist. Anschließend wird der Stamm in Querscheiben geschnitten und noch einmal kurz gebacken, bis er durchgegart und geröstet ist.

Doppelt gebackene Biscotti sind hart und knusprig. Verwechseln Sie sie nicht mit den weichen Butterkeksen, die Sie in Ihrem örtlichen Café in den USA finden. Italiener machen Kekse sehr hart und trocken, weil sie sie in Wein oder Kaffee tauchen möchten. Die Flüssigkeit wird absorbiert und sorgt für die nötige Weichheit, die die Kekse benötigen. Um diese Konsistenz zu erreichen, verzichten italienische Köche auf den größten Teil des hierzulande üblichen Zuckers und der Butter. Tatsächlich enthalten viele italienische Biscotti-Rezepte überhaupt keine Butter oder Backfett. Die harten, trockenen Kekse sind dazu gedacht, eine Weile haltbar zu sein, und Butter oder anderes Fett würde sie schneller altbacken machen.

Abgesehen von der doppelt gebackenen Variante stellen die Italiener eine große Auswahl an Keksen her. Haselnusskuchen sind in Norditalien beliebt, während Mandelmakronen (Amaretti) in ganz Süditalien, wo sowohl bittere als auch süße Mandelbäume wachsen, in verschiedenen Formen hergestellt werden. Butterkekse und Schokoladenkekse sind im Norden häufiger anzutreffen.

In diesem Kapitel finden Sie auch Variationen italienischer Kekse aus den USA. Dazu gehören butter- und zuckerreiche Biscotti, die nicht so knusprig sind wie die italienische Variante.

Während zur Teezeit oder zu besonderen Anlässen oft köstliche Kuchen serviert werden, backen die meisten meiner italienischen Freunde, die Hobbyköche sind, nicht. Da es in der Nähe immer eine Konditorei mit einer köstlichen Spezialität gibt, überlassen selbst die besten Köche Italiens die Herstellung luxuriöser Kuchen den Profis. An wichtigen Feiertagen wie Weihnachten und Ostern strömen Scharen von Kunden in die Bäckereien und Konditoreien, um kunstvoll zubereitete Kuchen zu kaufen. In Sizilien kann die Feiertagsspezialität eine wunderbare Cassata, Kuchenschichten und gesüßter Ricotta sein, sorgfältig garniert mit kandierten Früchten und getönter Mandelpaste. Halten Sie in Turin Ausschau nach Torta Gianduja, einem reichhaltigen, dichten Kuchen aus Schokolade und Haselnüssen. Mailänder Bäcker sind bekannt für ihren Panettone, einen Hefekuchen mit kandierten Früchten und Nüssen.

Hausgemachte Kuchen sind in Italien meist recht einfach, egal ob es sich um Biskuitkuchen oder rustikale Kuchen aus Früchten und Nüssen handelt. Ich finde sie lecker und unkompliziert in der Zubereitung. Wenn Sie ein umfangreicheres Dessert wünschen, können Sie es jederzeit mit einer speziellen Sauce oder Eiscreme dekorieren. Dieses Kapitel enthält eine Auswahl an einfachen und raffinierten Kuchen, die für jeden, der gerne backt, zugänglich sind.

*Crosta*und Torte (Torten und Kuchen) haben in Konditoreien in Italien immer einen Ehrenplatz. Je nach Jahreszeit und Region ist das möglich

Lange Finger

Savoyer

Ergibt 4 Dutzend

Diese knusprigen, leichten Kekse namens Savoiardi sind nach dem Königshaus Savoyen benannt, das vom 15. Jahrhundert über die Region Piemont und von 1861 bis zum Zweiten Weltkrieg über ganz Italien herrschte. Sie eignen sich perfekt für Teekuchen und passen hervorragend zu Eis oder Obst, können aber auch in komplexen Desserts wie Tiramisù verwendet werden.

Damit die Kekse knusprig und luftig werden, wird Kartoffelstärke verwendet. Kartoffelstärke finden Sie in vielen Supermärkten oder Sie können sie durch Maisstärke ersetzen.

4 große Eier, zimmerwarm

2/3 Tasse Zucker

2 TL reiner Vanilleextrakt

1/2 Tasse Allzweckmehl

1/4 Tasse Kartoffelstärke

Prise Salz

1. Heizen Sie den Ofen auf 400 °F vor. 3 große Backbleche mit Butter und Mehl bestäuben.

2. Trennen Sie die Eier. In einer großen Schüssel das Eigelb mit 1/3 Tasse Zucker und Vanille mit einem Elektromixer bei mittlerer Geschwindigkeit etwa 7 Minuten lang schlagen, bis es dick und hellgelb ist.

3. In einer großen, sauberen Schüssel mit einem sauberen Schneebesen das Eiweiß mit einer Prise Salz auf niedriger Stufe schaumig schlagen. Erhöhen Sie die Geschwindigkeit auf hoch und fügen Sie nach und nach die restliche 1/3 Tasse Zucker hinzu. Schlagen Sie etwa 5 Minuten lang, bis das Eiweiß beim Anheben der Rührgeräte weiche Spitzen behält.

4. Etwa 1/3 des Eiweißes mit einem Gummispatel unter das Eigelb heben, damit es lockerer wird. Restliches Eiweiß nach und nach unterheben.

5. Mehl und Stärke in ein kleines feinmaschiges Sieb geben. Schütteln Sie das Sieb über den Eiern und heben Sie die trockenen Zutaten vorsichtig, aber gründlich unter.

6. Den Teig in einen großen Spritzbeutel mit 1/2-Zoll-Spitze oder in einen robusten Plastikbeutel mit abgeschnittener Ecke füllen. (Beutel nicht mehr als zur Hälfte füllen.) Den Teig auf die Backbleche gießen und 7,6 x 2,5 cm große Blöcke mit ca. 2 cm Durchmesser formen. 1 Zoll auseinander.

7. Halten Sie mehrere Drahtkühlregale bereit. Backen Sie die Kekse 10 bis 12 Minuten lang oder bis sie goldbraun sind und sich fest anfühlen, wenn Sie die Mitte leicht berühren.

8. Übertragen Sie die Backbleche auf die Kühlregale. Lassen Sie die Kekse 2 Minuten lang auf dem Backblech abkühlen und geben Sie sie dann zum vollständigen Abkühlen auf die Gitterroste. In einem luftdichten Behälter bei Raumtemperatur bis zu 2 Wochen lagern.

Grießkekse

Kanestrelli

Mach 36

Canistrelli bedeutet „Körbchen". Diese ligurischen Kekse sind knusprig und butterartig und werden aus Grieß hergestellt, was ihnen eine cremige Farbe und eine leicht körnige Textur verleiht.

Grieß ist hellgoldener, harter Hartweizen, der zu einer sandigen Textur gemahlen wurde. Grieß kann fein oder grob sein. Feiner Grieß wird oft auch als Grieß oder Nudelmehl bezeichnet. Vor allem in Sizilien wird es vor allem zur Herstellung von Brot und bestimmten Nudel- und Gnocchi-Sorten verwendet, zRömische Grießgnocchi. Grieß kann in vielen Supermärkten, Reformhäusern und ethnischen Märkten oder bei gekauft werdenVersandhandelsquellen.

1 2/3 Tassen Allzweckmehl

½ Tasse feiner Grieß

½ TL Salz

1 Tasse (2 Stangen) ungesalzene Butter, bei Zimmertemperatur

½ Tasse Puderzucker

1 großes Ei

1. Mehl, Grieß und Salz in eine große Schüssel sieben.

2. Schlagen Sie die Butter in einer großen Schüssel mit einem Elektromixer bei mittlerer Geschwindigkeit etwa 2 Minuten lang auf, bis sie leicht und locker ist. Den Zucker hinzufügen und etwa 1 Minute weiter schlagen, bis alles gut vermischt ist. Ei unterrühren, bis alles gut vermischt ist.

3. Die trockenen Zutaten hinzufügen und bei niedriger Geschwindigkeit verrühren, bis alles gut vermischt ist. (Nicht zu viel mischen.) Den Teig zu einer Kugel formen und in Plastikfolie einwickeln. 1 Stunde bis über Nacht kühl stellen.

4. Backofen auf 350 °F vorheizen. 2 große Backbleche einfetten.

5. Rollen Sie den Teig auf einer leicht bemehlten Oberfläche mit einem Nudelholz zu einem Kreis von etwa 23 cm x etwa 0,6 cm Dicke aus. Schneiden Sie den Teig mit einem Ausstecher oder einer Ausstechform in 2-Zoll-Kreise. Auf vorbereitete Backbleche im Abstand von etwa 2,5 cm legen.

6. Bereiten Sie 2 Kühlregale vor. 13 Minuten lang backen oder bis die Kuchen an den Rändern leicht goldbraun sind.

7. Übertragen Sie die Backbleche auf die Kühlregale. Lassen Sie die Kekse 5 Minuten lang auf dem Backblech abkühlen und geben Sie sie dann zum vollständigen Abkühlen auf einen Rost. In einem luftdichten Behälter bis zu 2 Wochen aufbewahren.

Vin Santo klingelt

Ciambelline al Vin Santo

Ergibt etwa 4 Dutzend

Vin Santo ist ein toskanischer trockener Dessertwein. Normalerweise wird es als Beilage zu Dip-Kuchen serviert, aber hier ist es die Hauptgeschmackszutat in ringförmigen Crackern. Sie werden mit Olivenöl hergestellt und enthalten weder Eier noch Butter. Vin Santo verleiht den Keksen einen dezenten Weingeschmack, während die Textur zart und krümelig ist. Das Rezept habe ich vom Küchenchef des Weinguts Selvapiana in der Toskana bekommen.

2 1/2 Tassen Allzweckmehl

1/2 Tasse Zucker

1/2 Tasse natives Olivenöl extra

1/2 Tasse Vin Santo

1. Heizen Sie den Ofen auf 350 °F vor. Bereiten Sie 2 große, ungefettete Backbleche vor.

2. In einer großen Schüssel Mehl und Zucker mit einem Holzlöffel vermischen. Öl und Wein hinzufügen und verrühren, bis alles glatt und gut vermischt ist. Den Teig zu einer Kugel formen.

3. Den Teig in 6 Teile teilen. Einen Abschnitt in 8 Stücke schneiden. Rollen Sie jedes Stück zwischen Ihren Handflächen zu einem 10 x 1/2 Zoll großen Block. Formen Sie den Block zu einem Ring und drücken Sie die Kanten zusammen, um sie zu verschließen. Wiederholen Sie den Vorgang mit dem restlichen Teig und legen Sie die Ringe im Abstand von 2,5 cm auf die Backbleche.

4. Bereiten Sie 2 Kühlregale vor. Backen Sie die Ringe 20 Minuten lang oder bis sie goldbraun sind.

5. Übertragen Sie die Backbleche auf die Roste. Lassen Sie die Kekse 5 Minuten lang auf dem Backblech abkühlen und geben Sie sie dann zum vollständigen Abkühlen auf einen Rost. In einem luftdichten Behälter bis zu 2 Wochen aufbewahren.

Marsala-Kekse

Biscotti al Marsala

Ergibt 4 Dutzend

Der warme, sonnige Geschmack von Marsala verfeinert diese sizilianischen Kekse. Es kann sowohl trockener als auch süßer Marsala verwendet werden. Servieren Sie diese unbedingt mit einem Glas desselben Weins. Sie ähneln den Vin-Santo-Ringen auf der linken Seite, obwohl die Konsistenz durch die Eier und das Backpulver leichter und knuspriger ist und sie mit Zucker glasiert sind.

2 1/2 Tassen Allzweckmehl

2 Teelöffel Backpulver

1 Teelöffel Salz

1 Tasse Zucker

1/2 Tasse trockener oder süßer Marsala

2 große Eier

1/4 Tasse natives Olivenöl extra

1 TL reiner Vanilleextrakt

1. Backofen auf 180 °C vorheizen. Zwei große Backbleche einfetten.

2. Mehl, Backpulver und Salz in eine große Schüssel sieben. Gießen Sie 1/2 Tasse Zucker in eine kleine Schüssel und 1/4 Tasse Marsala in eine andere.

3. In einer großen Schüssel die Eier und den restlichen 1/2 Tasse Zucker gut verrühren. Restliche 1/4 Tasse Marsala, Öl und Vanilleextrakt unterrühren. Die trockenen Zutaten mit einem Holzlöffel unterrühren. Kurz durchkneten, bis alles gut vermischt ist, und den Teig zu einer Kugel formen.

4. Den Teig in 6 Teile teilen. Einen Abschnitt in 8 Stücke schneiden. Rollen Sie jedes Stück zwischen Ihren Handflächen zu einem 10 x 1/2 Zoll großen Block. Formen Sie den Block zu einem Ring und drücken Sie die Kanten zusammen, um sie zu verschließen. Mit dem restlichen Teig wiederholen.

5. Tauchen Sie die Ober- oder Unterseite jedes Rings zuerst in den Wein und dann in den Zucker. Legen Sie die Ringe mit der Zuckerseite nach oben und einem Abstand von 2,5 cm auf die vorbereiteten Backbleche. 18 bis 20 Minuten backen oder bis es goldbraun ist. Bereiten Sie 2 Kühlregale vor.

6. Übertragen Sie die Backbleche auf die Roste. Lassen Sie die Kekse 5 Minuten lang auf dem Backblech abkühlen und geben Sie sie dann zum vollständigen Abkühlen auf einen Rost. In einem luftdichten Behälter bis zu 2 Wochen aufbewahren.

Sesamweinkekse

Biscotti di Vino

Ergibt 2 Dutzend

Diese neapolitanischen Cracker sind leicht süßlich und haben einen würzigen Kick durch schwarzen Pfeffer. Sie eignen sich hervorragend zum Knabbern mit einem Glas Wein und etwas Käse.

2 1/2 Tassen Allzweckmehl

1/2 Tasse Zucker

1 1/2 TL Backpulver

1 Teelöffel Salz

1 TL frisch gemahlener schwarzer Pfeffer

1/2 Tasse trockener Rotwein

1/2 Tasse Olivenöl

1 Eiweiß, schaumig geschlagen

2 Esslöffel Sesamkörner

1. Heizen Sie den Ofen auf 350 °F vor. Bereiten Sie 2 große, ungefettete Backbleche vor.

2. In einer großen Schüssel Mehl, Zucker, Backpulver, Salz und Pfeffer verrühren. Wein und Olivenöl hinzufügen und verrühren, bis alles gut vermischt ist.

3. Den Teig zu einer Kugel formen. Den Teig in 4 Stücke teilen. Formen Sie jedes Stück zu einem 10-Zoll-Block. Die Stäbchen etwas flach drücken. Mit Eiweiß bestreichen und mit Sesamkörnern bestreuen.

4. Schneiden Sie die Holzscheite in 3/4-Zoll-Stücke. Legen Sie die Stücke im Abstand von 2,5 cm auf die Backbleche. 25 Minuten backen oder bis es leicht gebräunt ist.

5. Bereiten Sie 2 große Kühlregale vor. Übertragen Sie die Backbleche auf die Roste. Lassen Sie die Kekse 5 Minuten lang auf dem Backblech abkühlen und legen Sie sie dann zum vollständigen Abkühlen auf die Gitterroste. In einem luftdichten Behälter bis zu 2 Wochen aufbewahren.

Sesamkekse

Biscotti Regina

Mach 48

Die Sizilianer nennen diese Kekse Regina oder „Königin", weil sie so geschätzt sind. Obwohl sie sehr verbreitet sind, macht ihr gerösteter Sesamgeschmack süchtig. Das eine führt unweigerlich zum anderen.

Suchen Sie auf ethnischen Märkten und Reformhäusern nach frischen, geschälten Sesamkörnern. Diese Kekse wurden ursprünglich aus Schmalz hergestellt. Heutzutage verwenden sizilianische Köche oft Margarine, aber ich bevorzuge eine Kombination aus Butter für den Geschmack und pflanzlichem Backfett für die Zartheit.

4 Tassen Allzweckmehl

1 Tasse Zucker

1 Esslöffel Backpulver

1 Teelöffel Salz

½ Tasse (1 Stange) ungesalzene Butter, bei Zimmertemperatur

½ Tasse festes Pflanzenfett

2 große Eier, zimmerwarm

1 TL reiner Vanilleextrakt

1 TL abgeriebene Zitronenschale

2 Tassen ungeschälte Sesamkörner

½ Tasse Milch

1. Heizen Sie den Ofen auf 375 °F vor. Fetten Sie zwei große Backbleche ein und bemehlen Sie sie oder legen Sie sie mit Pergamentpapier aus.

2. Mehl, Zucker, Backpulver und Salz in einem großen Elektromixer vermischen. Die Butter auf niedriger Stufe einrühren und nach und nach köcheln lassen, bis die Mischung groben Krümeln ähnelt.

3. Eier, Vanille und Zitronenschale in einer mittelgroßen Schüssel verquirlen. Rühren Sie die Eimischung etwa 2 Minuten lang unter die trockenen Zutaten, bis sie glatt und gut vermischt sind. Decken Sie den Teig mit Plastikfolie ab und stellen Sie ihn 1 Stunde lang in den Kühlschrank.

4. Die Sesamkörner auf einem Stück Wachspapier verteilen. Geben Sie die Milch in eine kleine Schüssel neben die Sesamkörner.

5. Den Teig aus dem Kühlschrank nehmen. Nehmen Sie einen Teil des Teigs in Golfballgröße heraus und formen Sie ihn zu einem Klotz von 2 1/2 Zoll Länge und 3/4 Zoll Breite. Tauchen Sie den Block in die Milch und wälzen Sie ihn dann in den Sesamkörnern. Legen Sie den Block auf das Backblech und drücken Sie ihn mit den Fingern leicht flach. Mit dem restlichen Teig fortfahren und zwischen den Spießen einen Abstand von 2,5 cm lassen.

6. 25 bis 30 Minuten backen oder bis es gut gebräunt ist. Bereiten Sie 2 große Kühlregale vor.

7. Übertragen Sie die Backbleche auf die Roste. Lassen Sie die Kekse 5 Minuten lang auf dem Backblech abkühlen und legen Sie sie dann zum vollständigen Abkühlen auf die Gitterroste. In einem luftdichten Behälter bis zu 2 Wochen aufbewahren.

Anis-Toast

Biscotti di Anice

Ergibt etwa drei Dutzend

Anis, ein Mitglied derselben Pflanzenfamilie wie Fenchel, Kreuzkümmel und Dill, gilt als verdauungsfördernd. In Süditalien werden Anissamen zum Würzen von Tafellikören wie Sambuca und Anis verwendet und verleihen diesen Keksen ihren charakteristischen Lakritzgeschmack. Für einen ausgeprägteren Geschmack geben Sie vor dem Backen einen Teelöffel Anis zum Teig.

2 große Eier, zimmerwarm

1 Esslöffel Anislikör oder Anisextrakt

½ Tasse Zucker

1 Tasse Allzweckmehl

2 Esslöffel Maisstärke

1 Teelöffel Backpulver

1. Stellen Sie einen Rost in die Mitte des Ofens. Heizen Sie den Ofen auf 350 °F vor. Fetten Sie eine quadratische 9-Zoll-Backform ein.

Den Boden der Pfanne mit Wachspapier auslegen. Das Papier einfetten und bemehlen. Überschüssiges Mehl ausklopfen.

2. Eier, Likör und Zucker in einem großen Elektromixer vermischen. Beginnen Sie mit dem Schlagen der Eier bei niedriger Geschwindigkeit und erhöhen Sie die Geschwindigkeit schrittweise auf die höchste Stufe. Schlagen Sie die Eier weiter, bis sie sehr leicht und locker sind und ihr Volumen verdreifacht hat (ca. 5 Minuten).

3. Mehl, Speisestärke und Backpulver in ein feinmaschiges Sieb geben. Schütteln Sie das Sieb über der Eimischung und heben Sie die trockenen Zutaten mit einem Gummispatel nach und nach unter. Achten Sie darauf, die Eier nicht zu entleeren.

4. Den Teig in die vorbereitete Form streichen und die Oberfläche glatt streichen. 20 bis 25 Minuten backen oder bis es sich in der Mitte fest anfühlt und goldbraun ist. Halten Sie ein großes Backblech und ein großes Kühlregal bereit.

5. Nehmen Sie die Pfanne aus dem Ofen, lassen Sie den Ofen jedoch eingeschaltet. Führen Sie ein kleines Messer über die Ränder der Pfanne. Den Kuchen auf ein Schneidebrett stürzen.

6. Erhöhen Sie die Ofentemperatur auf 375 °F. Schneiden Sie den Kuchen mit einem langen gezackten Messer in 3-Zoll-Streifen.

Schneiden Sie jeden Streifen quer in 3/4 Zoll dicke Scheiben. Ordnen Sie die Scheiben in einer einzigen Schicht auf einem großen Backblech an. Backen Sie die Scheiben 7 Minuten lang oder bis sie geröstet und goldbraun sind.

7. Nehmen Sie die Kekse aus dem Ofen und legen Sie sie zum Abkühlen auf einen Rost. In einem dicht verschlossenen Behälter bis zu 2 Wochen lagern.

„S"-Cookies

Biscotti-Köder

Ergibt 4 Dutzend

Mein Mann und ich haben diese köstlichen Butter- und Gewürzkekse in Mailand gegessen, wo ich zehn Tage lang für einen Artikel für das Wine Spectator-Magazin über die besten Restaurants der Stadt recherchiert habe.

3 Tassen Allzweckmehl

1 Esslöffel Backpulver

½ TL Salz

½ Teelöffel gemahlener Zimt

¼ TL zerdrückte Nelken

¼ TL gemahlener Piment

½ Tasse (1 Stange) ungesalzene Butter, bei Zimmertemperatur

1 Tasse Zucker

3 große Eier, geschlagen

2 TL reiner Vanilleextrakt

1. Mehl, Backpulver, Salz und Gewürze zusammen auf ein Stück Backpapier sieben.

2. In einem großen Elektromixer die Butter mit dem Zucker bei mittlerer Geschwindigkeit etwa 2 Minuten lang schaumig schlagen. Die Eier einzeln unterrühren. Die Vanille dazugeben und noch etwa 1 Minute verrühren, bis alles gut vermischt ist

3. Die trockenen Zutaten unterrühren und den Teig zu einer Kugel formen. In Plastikfolie einwickeln und 1 Stunde im Kühlschrank lagern.

4. Heizen Sie den Ofen auf 400 °F vor. 2 große Backbleche einfetten.

5. Den Teig in 2 Teile teilen. Schneiden Sie jedes Stück in 8 Stücke. Rollen Sie jedes Stück in ein 1/2 Zoll dickes Seil. Schneiden Sie die Seile in 10 cm lange Stücke. Ordnen Sie die Längen S-förmig im Abstand von 2,5 cm auf Backblechen an.

6. 13 bis 16 Minuten backen oder bis es leicht gebräunt ist. Bereiten Sie 2 Kühlregale vor.

7. Übertragen Sie die Backbleche auf die Roste. Lassen Sie die Kekse 5 Minuten lang auf dem Backblech abkühlen und geben Sie sie dann zum vollständigen Abkühlen auf einen Rost. In einem luftdichten Behälter bis zu 2 Wochen aufbewahren.

Waffelkekse

Pizza

Ergibt etwa zwei Dutzend

Viele Familien in Mittel- und Süditalien sind stolz auf ihre Pizzelleneisen, wunderschön gefertigte Formen, die traditionell zur Herstellung dieser wunderbaren Waffeln verwendet werden. Auf einigen Bügeleisen sind die Initialen des ursprünglichen Besitzers eingeprägt, während auf anderen Silhouetten zu sehen sind, etwa ein Paar, das sich mit einem Glas Wein anstößt. Sie waren einst ein typisches Hochzeitsgeschenk.

Obwohl diese altmodischen Eisen charmant sind, sind sie auf heutigen Herden schwer und unhandlich. Ein elektrischer Pizzabereiter, der wie ein Waffeleisen aussieht, bereitet diese Kekse effizient und schnell zu.

Frisch zubereitete Pizzellen sind biegsam und können zu Kegeln, Röhren oder Tassen geformt werden. Sie können mit Schlagsahne, Eis, Cannoli-Creme oder Obst gefüllt werden. Sie werden im Handumdrehen abkühlen und knusprig, Sie müssen also schnell und sorgfältig vorgehen, um sie zu formen. Natürlich sind sie auch flach gut.

1 3/4 Tassen ungebleichtes Allzweckmehl

1 Teelöffel Backpulver

Prise Salz

3 große Eier

2/3 Tasse Zucker

1 EL reiner Vanilleextrakt

1 Stange (1/2 Tasse) ungesalzene Butter, geschmolzen und abgekühlt

1. Heizen Sie den Pizzabackautomaten gemäß den Anweisungen des Herstellers vor. Mehl, Backpulver und Salz in einer Schüssel verrühren.

2. In einer großen Schüssel Eier, Zucker und Vanille mit einem Elektromixer bei mittlerer Geschwindigkeit etwa 4 Minuten lang schlagen, bis eine dicke und leichte Masse entsteht. Butter einrühren. Die trockenen Zutaten etwa 1 Minute lang einrühren, bis alles gut vermischt ist.

3. Geben Sie etwa 1 Esslöffel Teig in die Mitte jeder Pizzellenform. (Die genaue Menge hängt von der Form der Pfanne ab.) Schließen Sie den Deckel und kochen Sie es, bis es leicht goldbraun ist. Dies hängt vom Hersteller und davon ab, wie

lange die Form erhitzt wurde. Überprüfen Sie es nach 30 Sekunden sorgfältig.

4. Wenn die Pizzellen goldbraun sind, heben Sie sie mit einem Holz- oder Kunststoffspatel aus den Formen. Flach auf einem Kuchengitter abkühlen lassen. Oder um Keksbecher herzustellen, biegen Sie jede Pizzelle in die Rundung einer breiten Kaffee- oder Desserttasse. Um Cannoli-Muscheln herzustellen, formen Sie sie um Cannoli-Röhren oder einen Holzdübel.

5. Wenn die Pizzelle abgekühlt und knusprig ist, bewahren Sie sie bis zur Verwendung in einem luftdichten Behälter auf. Diese dauern mehrere Wochen.

Variation: Anis: Ersetzen Sie die Vanille durch 1 Esslöffel Anisextrakt und 1 Esslöffel Anis. Orange oder Zitrone: 1 Esslöffel geriebene frische Orangen- oder Zitronenschale zur Eimischung geben. Rum oder Mandel: Anstelle der Vanille 1 Esslöffel Rum- oder Mandelextrakt einrühren. Hinweis: 1/4 Tasse gemahlene Nüsse mit dem Mehl zu einem sehr feinen Pulver verrühren.

Süße Ravioli

Ravioli Dolci

Ergibt 2 Dutzend

Marmelade füllt diese knusprigen Dessertravioli. Jeder Geschmack funktioniert, solange er eine dicke Konsistenz hat, sodass er an Ort und Stelle bleibt und beim Backen nicht aus dem Teig sickert. Dies war das Lieblingsrezept meines Vaters, der es aufgrund seiner Erinnerungen an die Kekse, die seine Mutter gemacht hatte, perfektionierte.

13/4 Tasse Allzweckmehl

½ Tasse Kartoffel oder Maisstärke

½ TL Salz

½ Tasse (1 Stange) ungesalzene Butter, bei Zimmertemperatur

½ Tasse Zucker

1 großes Ei

2 Esslöffel Rum oder Cognac

1 TL abgeriebene Zitronenschale

1 TL reiner Vanilleextrakt

1 Tasse dicke Sauerkirsch-, Himbeer- oder Aprikosenmarmelade

1. Mehl, Stärke und Salz in einer großen Schüssel vermischen.

2. In einer großen Schüssel mit einem Elektromixer die Butter mit dem Zucker etwa 2 Minuten lang schaumig schlagen. Eier, Rum, Schale und Vanille unterrühren. Bei niedriger Geschwindigkeit die trockenen Zutaten unterrühren.

3. Den Teig halbieren. Jede Hälfte zu einer Scheibe formen. Wickeln Sie sie jeweils in Plastikfolie ein und stellen Sie sie 1 Stunde bis über Nacht in den Kühlschrank.

4. Backofen auf 350 °F vorheizen. 2 große Backbleche einfetten.

5. Den Teig auf eine Dicke von 0,6 cm ausrollen. Schneiden Sie den Teig mit einem geriffelten Teig- oder Nudelschneider in 5 cm große Quadrate. Ordnen Sie die Quadrate im Abstand von etwa 2,5 cm auf den vorbereiteten Backblechen an. Geben Sie einen halben Teelöffel Marmelade in die Mitte jedes Quadrats. (Keine weitere Marmelade verwenden, sonst läuft die Füllung beim Backen aus.)

6. Den restlichen Teig auf eine Dicke von 0,6 cm ausrollen. Den Teig in 2-Zoll-Quadrate schneiden.

7. Die Marmelade mit den Teigquadraten bedecken. Drücken Sie die Ränder mit einer Gabel zusammen, um die Füllung zu verschließen.

8. 16 bis 18 Minuten backen oder bis es leicht gebräunt ist. Bereiten Sie 2 Kühlregale vor.

9. Übertragen Sie die Backbleche auf die Roste. Lassen Sie die Kekse 5 Minuten lang auf dem Backblech abkühlen und geben Sie sie dann zum vollständigen Abkühlen auf einen Rost. Mit Puderzucker bestreuen. In einem luftdichten Behälter bis zu 1 Woche aufbewahren.

„hässliche, aber gute" Kekse

Brutti ma Buoni

Ergibt 2 Dutzend

„hässlich, aber gut" bedeutet der Name dieser piemontesischen Kekse. Der Name stimmt nur zur Hälfte: Die Kekse sind nicht hässlich, aber lecker. Die Technik zu ihrer Herstellung ist ungewöhnlich. Keksteig wird vor dem Backen in einer Pfanne gekocht.

3 große Eiweiße, zimmerwarm

Prise Salz

1 1/2 dl Zucker

1 Tasse ungesüßtes Kakaopulver

1 1/4 dl Haselnüsse, geröstet, geschält und grob gehackt (sieheWie man Nüsse röstet und schält)

1. Backofen auf 300 °F vorheizen. 2 große Backbleche einfetten.

2. In einer großen Schüssel Eiweiß und Salz mit einem Elektromixer bei mittlerer Geschwindigkeit schaumig schlagen. Erhöhen Sie die Geschwindigkeit auf hoch und fügen Sie nach

und nach den Zucker hinzu. Schlagen, bis sich beim Anheben der Rührbesen weiche Spitzen bilden.

3. Den Kakao auf niedriger Stufe einrühren. Die Haselnüsse unterrühren.

4. Kratzen Sie die Mischung in einen großen, schweren Topf. Bei mittlerer Hitze unter ständigem Rühren mit einem Holzlöffel ca. 5 Minuten kochen, bis die Mischung glänzend und glatt ist. Achten Sie darauf, es nicht zu verbrennen.

5. Geben Sie den heißen Teig sofort esslöffelweise auf die vorbereiteten Backbleche. 30 Minuten backen oder bis es fest ist und an der Oberfläche leicht Risse aufweist.

6. Während die Kuchen noch warm sind, legen Sie sie zum Abkühlen mit einem dünnen Metallspatel auf einen Rost. In einem luftdichten Behälter bis zu 2 Wochen aufbewahren.

Festsitzende Stellen

Biscotti di Marmellata

Mach 40

Schokolade, Nüsse und Marmelade sind in diesen leckeren Keksen eine gelungene Kombination. Auf den weihnachtlichen Kuchenblechen sind sie immer ein Hit.

¾ Tasse (1½ Stangen) ungesalzene Butter, bei Zimmertemperatur

½ Tasse Zucker

½ TL Salz

3 Unzen bittersüße Schokolade, geschmolzen und abgekühlt

2 Tassen Allzweckmehl

¾ Tasse gehackte Mandeln

½ Tasse dicke kernlose Himbeermarmelade

1. Backofen auf 350 °F vorheizen. 2 große Backbleche einfetten.

2. In einer großen Schüssel Butter, Zucker und Salz mit einem Elektromixer bei mittlerer Geschwindigkeit etwa 2 Minuten lang

schaumig schlagen. Die geschmolzene Schokolade dazugeben und verrühren, bis alles gut vermischt ist, dabei die Seiten der Schüssel abkratzen. Mehl einrühren, bis eine glatte Masse entsteht.

3. Legen Sie die Nüsse in eine flache Schüssel. Den Teig zu 2,5 cm großen Kugeln formen. Rollen Sie die Kugeln in den Nüssen und drücken Sie sie leicht an, damit sie kleben bleiben. Legen Sie die Kugeln mit einem Abstand von etwa 3 cm auf die vorbereiteten Backbleche.

4. Stechen Sie mit der Spitze eines Holzlöffels ein tiefes Loch in jede Teigkugel und kneten Sie den Teig um den Griff herum, um die runde Form zu erhalten. In jeden Keks etwa 1/4 Teelöffel Marmelade geben. (Fügen Sie nicht mehr Marmelade hinzu, da diese beim Backen des Kuchens schmelzen und heraussickern könnte.)

5. Backen Sie die Kekse 18 bis 20 Minuten lang oder bis die Marmelade Blasen bildet und die Kekse leicht gebräunt sind. Bereiten Sie 2 Kühlregale vor.

6. Übertragen Sie die Backbleche auf die Roste. Lassen Sie die Kekse 5 Minuten lang auf dem Backblech abkühlen und geben

Sie sie dann zum vollständigen Abkühlen auf einen Rost. In einem luftdichten Behälter bis zu 2 Wochen aufbewahren.

Doppelte Schokoladen-Nuss-Biscotti

Biscotti al Cioccolato

Ergibt 4 Dutzend

Diese reichhaltigen Biscotti enthalten geschmolzene und stückige Schokolade im Teig. Ich habe sie noch nie in Italien gesehen, aber sie ähneln denen, die ich hier in Coffeeshops probiert habe.

2 1/2 Tassen Allzweckmehl

2 Teelöffel Backpulver

1/2 TL Salz

3 große Eier, zimmerwarm

1 Tasse Zucker

1 TL reiner Vanilleextrakt

6 Unzen bittersüße Schokolade, geschmolzen und abgekühlt

6 Esslöffel (1/2 Stab plus 2 Esslöffel) ungesalzene Butter, geschmolzen und abgekühlt

1 Tasse Walnüsse, grob gehackt

1 Tasse Schokoladenstückchen

1. Stellen Sie einen Rost in die Mitte des Ofens. Den Ofen auf 300 °F vorheizen. 2 große Backbleche mit Butter und Mehl bestäuben.

2. Mehl, Backpulver und Salz in eine große Schüssel sieben.

3. In einer großen Schüssel Eier, Zucker und Vanille mit einem Elektromixer bei mittlerer Geschwindigkeit etwa 2 Minuten lang schaumig und leicht schlagen. Schokolade und Butter unterrühren, bis alles gut vermischt ist. Mehlmischung hinzufügen und ca. 1 Minute weiterrühren, bis eine glatte Masse entsteht. Nüsse und Schokoladenstückchen unterrühren.

4. Den Teig halbieren. Formen Sie jedes Stück mit feuchten Händen auf dem vorbereiteten Backblech zu einem 12 x 3 Zoll großen Block. 35 Minuten backen oder bis die Blöcke fest sind, wenn man sie in der Mitte drückt. Nehmen Sie die Pfanne aus dem Ofen, aber schalten Sie die Hitze nicht aus. 10 Minuten abkühlen lassen.

5. Schieben Sie die Spieße auf ein Schneidebrett. Schneiden Sie die Holzscheite in 1/2 Zoll dicke Scheiben. Die Scheiben auf das Backblech legen. 10 Minuten backen oder bis die Kekse leicht geröstet sind.

6. Bereiten Sie 2 große Kühlregale vor. Übertragen Sie die Backbleche auf die Roste. Lassen Sie die Kekse 5 Minuten lang auf dem Backblech abkühlen und legen Sie sie dann zum vollständigen Abkühlen auf die Gitterroste. In einem luftdichten Behälter bis zu 2 Wochen aufbewahren.

Schokoladenkuss

Baci di Cioccolato

Ergibt 3 Dutzend

Schokoladen- und Vanilleküsse sind in Verona, der Heimat von Romeo und Julia, sehr beliebt und werden in verschiedenen Kombinationen zubereitet.

1 2/3 Tassen Allzweckmehl

1/3 Tasse ungesüßtes holländisches Kakaopulver, gesiebt

1/4 Teelöffel Salz

1 Tasse (2 Stangen) ungesalzene Butter, bei Zimmertemperatur

1/2 Tasse Puderzucker

1 TL reiner Vanilleextrakt

1/2 Tasse gehackte geröstete Mandeln (sieheWie man Nüsse röstet und schält)

Füllung

2 Unzen halbsüße oder bittersüße Schokolade, gehackt

2 Esslöffel ungesalzene Butter

⅓ Tasse Mandeln, geröstet und fein gehackt

1. Mehl, Kakao und Salz in einer großen Schüssel vermischen.

2. In einer großen Schüssel Butter und Zucker mit einem Elektromixer bei mittlerer Geschwindigkeit etwa 2 Minuten lang schaumig schlagen. Vanille einrühren. Trockene Zutaten und Mandeln unterrühren, bis alles gut vermischt ist, noch etwa 1 Minute. Mit Plastikfolie abdecken und 1 Stunde bis über Nacht im Kühlschrank lagern.

3. Heizen Sie den Ofen auf 350 °F vor. Bereiten Sie 2 ungefettete Backbleche vor. Rollen Sie Teelöffel des Teigs zu 3/4 Zoll großen Kugeln. Legen Sie die Kugeln im Abstand von 2,5 cm auf die Backbleche. Drücken Sie mit den Fingern auf die Kugeln, um sie etwas flacher zu machen. Backen Sie die Kekse 10 bis 12 Minuten lang, bis sie fest, aber nicht gebräunt sind. Bereiten Sie 2 große Kühlregale vor.

4. Übertragen Sie die Backbleche auf die Roste. Lassen Sie die Kekse 5 Minuten lang auf dem Backblech abkühlen und legen Sie sie dann zum vollständigen Abkühlen auf die Gitterroste.

5. Bringen Sie etwa 5 cm Wasser in der unteren Hälfte eines Wasserbades oder eines kleinen Topfes zum Kochen. Geben Sie die Schokolade und die Butter in die obere Hälfte des Wasserbades oder in eine kleine hitzebeständige Schüssel, die bequem über die Pfanne passt. Stellen Sie die Schüssel über das kochende Wasser. Offen lassen, bis die Schokolade weich ist. Rühren, bis alles glatt ist. Mandeln unterrühren.

6. Verteilen Sie eine kleine Menge der Füllmischung auf dem Boden eines Kuchens. Einen weiteren Keks mit der Unterseite nach unten auf die Füllung legen und leicht andrücken. Legen Sie die Kekse auf einen Rost, bis die Füllung fest ist. Wiederholen Sie den Vorgang mit den restlichen Keksen und der Füllung. In einem luftdichten Behälter im Kühlschrank bis zu 1 Woche aufbewahren.

No-Bake-Schokolade „Salame"

Salami del Cioccolato

Ergibt 32 Kekse

Knusprige Schoko-Nussstücke, die nicht frittiert werden müssen, sind eine Spezialität aus dem Piemont. Wenn Sie möchten, können Sie Amaretti auch durch andere Kekse ersetzen, z. B. Vanille- oder Schokoladenwaffeln, Graham Cracker oder Shortbread-Kekse. Am besten bereiten Sie diese einige Tage im Voraus zu, damit sich die Aromen vermischen können. Wenn Sie den Likör lieber nicht verwenden möchten, können Sie ihn durch einen Löffel Orangensaft ersetzen.

18 Amaretti-Kekse

1/3 Tasse Zucker

1/3 Tasse ungesüßtes Kakaopulver

1/2 Tasse (1 Stange) ungesalzene Butter, weich

1 Esslöffel Grappa oder Rum

1/3 Tasse gehackte Walnüsse

1. Legen Sie die Kekse in eine Plastiktüte. Die Kekse mit einem Nudelholz oder einem schweren Gegenstand zerdrücken. Es sollten etwa 3/4 Tasse Krümel vorhanden sein.

2. Die Krümel in eine große Schüssel geben. Zucker und Kakao mit einem Holzlöffel einrühren. Butter und Grappa hinzufügen. Rühren, bis die trockenen Zutaten angefeuchtet und vermischt sind. Walnüsse unterrühren.

3. Legen Sie ein 14-Zoll-Blatt Plastikfolie auf eine ebene Fläche. Gießen Sie die Teigmischung auf die Plastikfolie. Formen Sie den Teig zu einem 8 × 2 1/2 Zoll großen Block. Rollen Sie den Stick in die Plastikfolie und falten Sie die Enden so, dass er vollständig umschlossen ist. Legen Sie den Block für mindestens 24 Stunden und bis zu 3 Tage in den Kühlschrank.

4. Schneiden Sie den Block in 1/4 Zoll dicke Scheiben. Kühl servieren. Bewahren Sie die Kekse in einem luftdichten Plastikbehälter bis zu 2 Wochen im Kühlschrank auf.

Prato-Kekse

Biscotti di Prato

Ergibt etwa 4 1/2 Dutzend

In der toskanischen Stadt Prato sind dies die klassischen Biscotti zum Eintauchen in Vin Santo, den großartigen Dessertwein der Region. Wenn man sie pur verzehrt, sind sie ziemlich trocken, also geben Sie ihnen einen Trank, um sie zu zähmen.

2 1/2 Tassen Allzweckmehl

1 1/2 TL Backpulver

1 Teelöffel Salz

4 große Eier

3/4 Tasse Zucker

1 TL abgeriebene Zitronenschale

1 TL geriebene Orangenschale

1 TL reiner Vanilleextrakt

1 Tasse geröstete Mandeln (siehe Wie man Nüsse röstet und schält)

1. Stellen Sie einen Rost in die Mitte des Ofens. Heizen Sie den Ofen auf 325 °F vor. Buttern Sie ein großes Backblech und bemehlen Sie es.

2. Mehl, Backpulver und Salz in eine mittelgroße Schüssel sieben.

3. Eier und Zucker in einer großen Schüssel mit einem Elektromixer bei mittlerer Geschwindigkeit etwa 3 Minuten lang schaumig schlagen. Zitronen- und Orangenschale sowie Vanille unterrühren, die trockenen Zutaten bei niedriger Geschwindigkeit unterrühren und dann die Mandeln unterrühren.

4. Befeuchte deine Hände leicht. Formen Sie den Teig in zwei 14 x 2 Zoll große Blöcke. Legen Sie die Spieße im Abstand von einigen Zentimetern auf das vorbereitete Backblech. 30 Minuten backen oder bis es fest und goldbraun ist.

5. Nehmen Sie das Backblech aus dem Ofen und reduzieren Sie die Ofentemperatur auf 300 °F. Lassen Sie die Spieße 20 Minuten auf dem Backblech abkühlen.

6. Schieben Sie die Spieße auf ein Schneidebrett. Schneiden Sie die Holzscheite mit einem großen, schweren Kochmesser diagonal in 1/2 Zoll dicke Scheiben. Die Scheiben auf das Backblech legen. 20 Minuten backen oder bis es leicht goldbraun ist.

7.Übertragen Sie die Kekse zum Abkühlen auf einen Rost. In einem luftdichten Behälter aufbewahren.

Biscotti aus umbrischen Früchten und Nüssen

Tozzetti

Mach 80

Diese Kekse werden ohne Fett hergestellt und sind in einem luftdichten Behälter lange haltbar. Der Geschmack verbessert sich tatsächlich. Planen Sie daher ein, sie einige Tage vor dem Servieren zuzubereiten.

3 Tassen Allzweckmehl

½ Tasse Maisstärke

2 Teelöffel Backpulver

3 große Eier

3 Eigelb

2 Esslöffel Marsala, Vin Santo oder Sherry

1 Tasse Zucker

1 Tasse Rosinen

1 Tasse Mandeln

¼ Tasse gehackte kandierte Orangenschale

¼ Tasse gehackte kandierte Zitrone

1 TL Anissamen

1. Backofen auf 350 °F vorheizen. 2 große Backbleche einfetten.

2. Mehl, Maisstärke und Backpulver in eine mittelgroße Schüssel sieben.

3. In einer großen Schüssel mit einem Elektromixer Eier, Eigelb und Marsala verrühren. Den Zucker hinzufügen und etwa 3 Minuten lang schlagen, bis alles gut vermischt ist. Trockene Zutaten, Rosinen, Mandeln, Schale, Zitrone und Anis unterrühren, bis alles gut vermischt ist. Der Teig wird steif. Drehen Sie den Teig bei Bedarf auf eine Arbeitsfläche und kneten Sie ihn, bis er vermischt ist.

4. Den Teig vierteln. Befeuchten Sie Ihre Hände mit kaltem Wasser und formen Sie jedes Viertel zu einem 10-Zoll-Block. Legen Sie die Spieße im Abstand von 5 cm auf die vorbereiteten Backbleche.

5. Backen Sie die Blöcke 20 Minuten lang oder bis sie sich beim Drücken in der Mitte fest anfühlen und an den Rändern goldbraun sind. Nehmen Sie die Holzscheite aus dem Ofen,

lassen Sie den Ofen jedoch eingeschaltet. Lassen Sie die Sticks 5 Minuten auf dem Backblech abkühlen.

6.Schieben Sie die Spieße auf ein Schneidebrett. Schneiden Sie sie mit einem großen Kochmesser in 1/2 Zoll dicke Scheiben. Legen Sie die Scheiben auf das Backblech und backen Sie sie 10 Minuten lang oder bis sie leicht geröstet sind.

7.Bereiten Sie 2 große Kühlregale vor. Übertragen Sie die Kekse auf die Gestelle. Vollständig abkühlen lassen. In einem luftdichten Behälter bis zu 2 Wochen aufbewahren.

Biscotti aus Zitrone und Nüssen

Biscotti al Limone

Mach 48

Zitrone und Mandeln verleihen diesem Biscotti Geschmack.

1 1/2 Tassen Allzweckmehl

1 Teelöffel Backpulver

1/4 Teelöffel Salz

1/2 Tasse (1 Stange) ungesalzene Butter, bei Zimmertemperatur

1/2 Tasse Zucker

2 große Eier, zimmerwarm

2 Teelöffel frisch geriebene Zitronenschale

1 Tasse geröstete Mandeln, grob gehackt

1. Stellen Sie einen Rost in die Mitte des Ofens. Heizen Sie den Ofen auf 350 °F vor. Buttern Sie ein großes Backblech und bemehlen Sie es.

2. Mehl, Backpulver und Salz in einer Schüssel sieben.

3. In einer großen Schüssel mit einem Elektromixer Butter und Zucker etwa 2 Minuten lang schaumig schlagen. Die Eier einzeln unterrühren. Zitronenschale hinzufügen und die Innenseite der Schüssel mit einem Gummispatel abkratzen. Mehlmischung und Nüsse nach und nach unterrühren, bis alles gut vermischt ist.

4. Den Teig halbieren. Formen Sie jedes Stück mit feuchten Händen auf dem vorbereiteten Backblech zu einem 12 x 2 Zoll großen Block. 20 Minuten backen oder bis die Blöcke leicht gebräunt und fest sind, wenn man sie in der Mitte drückt. Nehmen Sie die Pfanne aus dem Ofen, aber schalten Sie die Hitze nicht aus. Lassen Sie die Stäbchen 10 Minuten auf dem Backblech abkühlen.

5. Schieben Sie die Spieße auf ein Schneidebrett. Schneiden Sie die Holzscheite in 1/2 Zoll dicke Scheiben. Die Scheiben auf das Backblech legen. 10 Minuten backen oder bis die Kekse leicht geröstet sind.

6. Bereiten Sie 2 große Kühlregale vor. Übertragen Sie die Kekse auf die Gestelle. Vollständig abkühlen lassen. In einem luftdichten Behälter bis zu 2 Wochen aufbewahren.

Walnusskeks

Biscotti di Noce

Ergibt etwa 80

Olivenöl kann in den unterschiedlichsten Rezepten zum Backen verwendet werden. Verwenden Sie ein natives Olivenöl extra mit mildem Geschmack. Es ergänzt viele Arten von Nüssen und Zitrusfrüchten. Hier ist ein Biscotti-Rezept, das ich für einen Artikel der Washington Post über Backen mit Olivenöl entwickelt habe.

2 Tassen Allzweckmehl

1 Teelöffel Backpulver

1 Teelöffel Salz

2 große Eier, zimmerwarm

2/3 Tasse Zucker

1/2 Tasse natives Olivenöl extra

1/2 TL abgeriebene Zitronenschale

2 Tassen geröstete Walnüsse (sieheWie man Nüsse röstet und schält)

1. Backofen auf 180 °C vorheizen. Zwei große Backbleche einfetten.

2. In einer großen Schüssel Mehl, Backpulver und Salz vermischen.

3. In einer anderen großen Schüssel Eier, Zucker, Öl und Zitronenschale verquirlen. Mit einem Holzlöffel die trockenen Zutaten unterrühren, bis alles gut vermischt ist. Walnüsse unterrühren.

4. Teilen Sie den Teig in vier Stücke. Formen Sie die Stücke zu 12 × 11/2 Zoll großen Blöcken und legen Sie sie mit einigen Zentimetern Abstand auf die vorbereiteten Backbleche. 20 bis 25 Minuten backen oder bis es leicht gebräunt ist. Aus dem Ofen nehmen, aber nicht ausschalten. Lassen Sie die Kekse 10 Minuten lang auf dem Backblech abkühlen.

5. Schieben Sie die Spieße auf ein Schneidebrett. Schneiden Sie die Stiele mit einem großen, schweren Messer diagonal in 1/2-Zoll-Scheiben. Legen Sie die Scheiben auf die Backbleche und schieben Sie die Bleche wieder in den Ofen. 10 Minuten backen oder bis es geröstet und goldbraun ist.

6. Bereiten Sie 2 große Kühlregale vor. Übertragen Sie die Kekse auf die Gestelle. Vollständig abkühlen lassen. In einem luftdichten Behälter bis zu 2 Wochen aufbewahren.

Mandelmakronen

Amaretti

Ergibt 3 Dutzend

In Süditalien werden diese durch Mahlen von süßen und bitteren Mandeln hergestellt. Bittermandeln, die von einer bestimmten Mandelbaumart stammen, werden in den USA nicht verkauft. Sie haben eine Geschmackskomponente, die dem tödlichen Gift Cyanid ähnelt, und sind daher nicht für den kommerziellen Gebrauch zugelassen. Der richtige Geschmack kommt am besten mit handelsüblicher Mandelpaste und etwas Mandelextrakt zustande. Verwechseln Sie Marzipan nicht mit Marzipan, das ähnlich ist, aber einen höheren Zuckergehalt hat. Kaufen Sie die Mandelpaste aus der Dose für den besten Geschmack. Wenn Sie es nicht finden können, erkundigen Sie sich bei Ihrer örtlichen Bäckerei, ob sie Ihnen welche verkaufen kann.

Diese Kekse sind klebrig, deshalb backe ich sie auf antihaftbeschichteten Backmatten namens Silpat. Die Matten müssen nie geschmiert werden, sind leicht zu reinigen und wiederverwendbar. Sie finden sie in guten Küchengeschäften. Wenn Sie keine Matten haben, können Sie die Backformen auch mit Backpapier oder Alufolie auslegen.

1 (8 Unzen) Dose Mandelpaste, zerbröselt

1 Tasse Zucker

2 große Eiweiße, zimmerwarm

¼ Teelöffel Mandelextrakt

36 kandierte Kirschen oder ganze Mandeln

1. Heizen Sie den Ofen auf 350 °F vor. Legen Sie 2 große Backbleche mit Pergamentpapier oder Aluminiumfolie aus.

2. Die Mandelmasse in einer großen Schüssel zerbröckeln. Mit einem Elektromixer auf niedriger Stufe den Zucker einrühren, bis alles gut vermischt ist. Eiweiß und Mandelextrakt hinzufügen. Erhöhen Sie die Geschwindigkeit auf mittel und schlagen Sie etwa 3 Minuten lang, bis alles sehr glatt ist.

3. Nehmen Sie 1 Esslöffel des Teigs und rollen Sie ihn leicht zu einer Kugel. Befeuchten Sie bei Bedarf Ihre Fingerspitzen mit kaltem Wasser, um ein Anhaften zu verhindern. Legen Sie die Kugeln im Abstand von etwa einem Zentimeter auf das vorbereitete Backblech. Eine Kirsche oder Mandel oben auf den Teig drücken.

4. 18 bis 20 Minuten backen oder bis die Kuchen leicht gebräunt sind. Auf dem Backblech abkühlen lassen.

5. Übertragen Sie die Kekse mit einem dünnen Metallspatel auf einen Rost, um sie vollständig abzukühlen. Bewahren Sie die Kekse in luftdichten Behältern auf. (Wenn Sie diese Kekse länger als ein oder zwei Tage aufbewahren möchten, frieren Sie sie ein, damit sie ihre weiche Konsistenz behalten. Sie können direkt aus dem Gefrierschrank gegessen werden.)

Pinienkernmakronen

Biscotti di Pinoli

Mach 40

Ich habe im Laufe der Jahre viele Variationen dieser Kekse gemacht. Diese Version ist meine Lieblingsversion, da sie für Geschmack und Konsistenz sowohl aus Mandelpaste als auch aus gemahlenen Mandeln besteht und zusätzlich den reichen Geschmack gerösteter Pinienkerne (Pignoli) aufweist.

1 (8 Unzen) Dose Mandelpaste

⅓ Tasse fein gemahlene, blanchierte Mandeln

2 große Eiweiße

1 Tasse Puderzucker und mehr zum Garnieren

2 Tassen Pinienkerne oder gehobelte Mandeln

1. Stellen Sie einen Rost in die Mitte des Ofens. Heizen Sie den Ofen auf 350 °F vor. Fetten Sie ein großes Backblech ein.

2. Die Mandelmasse in einer großen Schüssel zerbröckeln. Mandeln, Eiweiß und 1 Tasse Puderzucker mit einem Elektromixer bei mittlerer Geschwindigkeit glatt rühren.

3. Nehmen Sie einen Esslöffel Teig. Den Teig in den Pinienkernen wälzen, abdecken und zu einer Kugel formen. Legen Sie die Kugel auf das vorbereitete Backblech. Wiederholen Sie den Vorgang mit den restlichen Zutaten und achten Sie darauf, dass die Kugeln einen Abstand von etwa 2,5 cm haben.

4. 18 bis 20 Minuten backen oder bis es leicht gebräunt ist. Stellen Sie das Backblech auf einen Rost. Lassen Sie die Kekse 2 Minuten auf dem Backblech abkühlen.

5. Übertragen Sie die Kuchen auf Roste, um sie vollständig abzukühlen. Mit Puderzucker bestäuben. In einem luftdichten Behälter im Kühlschrank bis zu 1 Woche aufbewahren.

Haselnussriegel

Nocciolat

Ergibt 6 Dutzend

Diese zarten, krümeligen Riegel sind voller Nüsse. Sie halten kaum zusammen und zergehen auf der Zunge. Servieren Sie sie mit Schokoladeneis.

2 1/3 Tassen Allzweckmehl

1½ Tassen geschälte, geröstete Haselnüsse, fein gehackt (siehe Wie man Nüsse röstet und schält)

1 1/2 dl Zucker

1/2 TL Salz

1 Tasse (2 Stangen) ungesalzene Butter, geschmolzen und abgekühlt

1 großes Ei plus 1 Eigelb, geschlagen

1. Stellen Sie einen Rost in die Mitte des Ofens. Heizen Sie den Ofen auf 350 °F vor. Fetten Sie eine 15 x 10 x 1 Zoll große Jelly Roll-Pfanne ein.

2. In einer großen Schüssel mit einem Holzlöffel Mehl, Nüsse, Zucker und Salz verrühren. Die Butter hinzufügen und rühren, bis sie gleichmäßig angefeuchtet ist. Fügen Sie die Eier hinzu. Rühren, bis alles gut vermischt ist und die Mischung zusammenhält.

3. Gießen Sie die Mischung in die vorbereitete Pfanne. Klopfen Sie es in einer gleichmäßigen Schicht fest.

4. 30 Minuten backen oder bis es goldbraun ist. Noch warm in 5 x 2,5 cm große Rechtecke schneiden.

5. 10 Minuten in der Pfanne abkühlen lassen. Übertragen Sie die Kekse auf große Roste, um sie vollständig abzukühlen.

Kekse mit Walnussbutter

Biscotti di Noce

Ergibt 5 Dutzend

Diese nussigen und buttrigen Kekse aus dem Piemont sind perfekt für Weihnachten. Obwohl sie oft mit Haselnüssen zubereitet werden, verwende ich gerne Walnüsse. Mandeln können auch ersetzt werden.

Sie können diese Kekse in einer Küchenmaschine zubereiten. Wenn Sie keinen haben, mahlen Sie die Nüsse und den Zucker in einem Mixer oder einer Nussmühle und rühren Sie die restlichen Zutaten von Hand unter.

1 Tasse Walnussstücke

1/3 Tasse Zucker plus 1 Tasse zusätzlich zum Ausrollen der Kuchen

2 Tassen Allzweckmehl

1 Tasse (2 Stangen) ungesalzene Butter, bei Zimmertemperatur

1. Den Ofen auf 350 °F vorheizen. 2 große Backbleche mit Butter und Mehl bestäuben.

2. Walnüsse und Zucker in einer Küchenmaschine vermischen. Verarbeiten, bis die Nüsse fein gehackt sind. Das Mehl hinzufügen und verrühren, bis alles gut vermischt ist.

3. Fügen Sie die Butter nach und nach hinzu und zerkleinern Sie alles. Nehmen Sie den Teig vom Blech und drücken Sie ihn mit den Händen zusammen.

4. Gießen Sie die restliche 1 Tasse Zucker in eine flache Schüssel. Ein walnussgroßes Stück Teig abschneiden und zu einer Kugel formen. Formen Sie die Kugel zu einer Mondsichel mit spitz zulaufenden Enden. Rollen Sie den Halbmond vorsichtig im Zucker. Legen Sie den Halbmond auf ein vorbereitetes Backblech. Wiederholen Sie den Vorgang mit dem restlichen Teig und Zucker und achten Sie dabei darauf, dass jeder Keks einen Abstand von etwa 2,5 cm hat.

5. 15 Minuten backen oder bis es leicht gebräunt ist. Legen Sie das Backblech auf einen Rost und lassen Sie es 5 Minuten lang abkühlen.

6. Übertragen Sie die Kekse auf die Roste, um sie vollständig abzukühlen. In einem luftdichten Behälter bis zu 2 Wochen aufbewahren.

Regenbogenkekse

Biscotti tricolori

Ergibt etwa 4 Dutzend

Obwohl ich sie noch nie in Italien gesehen habe, sind diese mit Schokolade glasierten „Regenbogen"- oder Tricolor-Kekse ein Favorit italienischer und anderer Bäckereien in den Vereinigten Staaten. Leider haben sie oft eine knallige Farbe und können trocken und geschmacklos sein.

Probieren Sie dieses Rezept aus und Sie werden sehen, wie lecker diese Kekse sein können. Die Zubereitung ist etwas kompliziert, aber das Ergebnis ist sehr schön und lecker. Wenn Sie lieber auf Lebensmittelfarbe verzichten möchten, bleiben die Kekse schön. Der Einfachheit halber ist es am besten, drei identische Backformen zu haben. Sie können die Kekse aber trotzdem mit nur einer Pfanne backen, wenn Sie jeweils eine Teigportion backen. Die fertigen Kekse halten sich gut im Kühlschrank.

8 Unzen Mandelpaste

1 1/2 Tassen (3 Stangen) ungesalzene Butter

1 Tasse Zucker

4 große Eier, getrennt

¼ Teelöffel Salz

2 Tassen ungebleichtes Allzweckmehl

10 Tropfen rote Lebensmittelfarbe, oder nach Geschmack (optional)

10 Tropfen grüne Lebensmittelfarbe, oder nach Geschmack (optional)

½ Tasse Aprikosenmarmelade

½ Tasse kernlose Himbeermarmelade

1 (6 Unzen) Packung halbsüße Schokoladenstückchen

1. Heizen Sie den Ofen auf 350 °F vor. Fetten Sie drei identische 13×9×2 Zoll große Backformen ein. Die Pfannen mit Wachspapier auslegen und das Papier einfetten.

2. Die Mandelpaste in einer großen Rührschüssel zerbröckeln. Butter, 1/2 Tasse Zucker, Eigelb und Salz hinzufügen. Schlagen, bis alles leicht und locker ist. Mehl einrühren, bis alles gut vermischt ist.

3. In einer anderen großen Schüssel mit einem sauberen Schneebesen das Eiweiß bei mittlerer Geschwindigkeit schaumig schlagen. Den restlichen Zucker nach und nach

einrühren und die Geschwindigkeit auf höchste Stufe erhöhen. Weiter schlagen, bis das Eiweiß beim Anheben des Rührbesens weiche Spitzen bildet.

4. 1/3 des Eiweißes mit einem Gummispatel unter die Eigelbmischung heben, um sie aufzulockern. Restliches Eiweiß nach und nach unterheben.

5. Gießen Sie 1/3 des Teigs in eine Schüssel und ein weiteres 1/3 in eine andere Schüssel. Wenn Sie Lebensmittelfarbe verwenden, falten Sie die rote in eine Schüssel und die grüne in die andere.

6. Jede Schüssel mit Teig in eine separate vorbereitete Form geben und mit einem Spatel gleichmäßig glatt streichen. Backen Sie die Schichten 10 bis 12 Minuten lang, bis der Kuchen gerade fest ist und an den Rändern eine ganz leichte Farbe aufweist. 5 Minuten in der Form abkühlen lassen, dann die Schichten auf Kühlregale heben, dabei Wachspapier zurücklassen. Vollständig abkühlen lassen.

7. Heben Sie eine Schicht mit dem Papier an, drehen Sie den Kuchen um und legen Sie ihn mit der Papierseite nach oben auf ein großes Backblech. Ziehen Sie das Papier vorsichtig ab. Mit einer dünnen Schicht Himbeermarmelade bestreichen.

8. Legen Sie eine weitere Schicht mit der Papierseite nach oben auf die erste. Entfernen Sie das Papier und verteilen Sie die Aprikosenmarmelade auf dem Kuchen.

9. Legen Sie die verbleibende Schicht mit der Papierseite nach oben darauf. Ziehen Sie das Papier ab. Schneiden Sie die Ränder des Kuchens mit einem großen, schweren Messer und einem Lineal so ab, dass die Schichten rundherum gerade und gleichmäßig sind.

10. Bringen Sie etwa 5 cm Wasser in der unteren Hälfte eines Wasserbades oder eines kleinen Topfes zum Kochen. Geben Sie die Schokoladenstückchen in die obere Hälfte des Wasserbades oder in eine kleine hitzebeständige Schüssel, die bequem über die Pfanne passt. Stellen Sie die Schüssel über das kochende Wasser. Offen lassen, bis die Schokolade weich ist. Rühren, bis alles glatt ist. Die geschmolzene Schokolade über die Kuchenschichten gießen und mit einem Spatel gleichmäßig verteilen. In den Kühlschrank stellen, bis die Schokolade gerade anfängt fest zu werden, etwa 30 Minuten. (Lassen Sie es nicht zu hart werden, sonst bricht es beim Schneiden.)

11. Den Kuchen aus dem Kühlschrank nehmen. Schneiden Sie den Kuchen mit einem Lineal oder einem anderen Lineal der Länge nach in 6 Riegel, indem Sie ihn zuerst in Drittel und dann jedes

Drittel in zwei Hälften schneiden. Quer in 5 Riegel schneiden. Den angeschnittenen Kuchen in der Form im Kühlschrank abkühlen lassen, bis die Schokolade fest ist. Servieren Sie die Kekse oder legen Sie sie in einen luftdichten Behälter und lagern Sie sie im Kühlschrank. Diese sind mehrere Wochen haltbar.

Feigenkekse zu Weihnachten

Cuccidati

Ergibt 18 große Kekse

Ich kann mir Weihnachten ohne diese Kekse nicht vorstellen. Für viele Sizilianer ist die Herstellung ein Familienprojekt. Die Frauen mischen und rollen den Teig, während die Männer die Zutaten für die Füllung hacken und mahlen. Die Kinder dekorieren die gefüllten Plätzchen. Sie werden traditionell in viele skurrile Formen geschnitten, die an Vögel, Blätter oder Blumen erinnern. Manche Familien machen Dutzende davon, um sie an Freunde und Nachbarn zu verschenken.

Teig

2 1/2 Tassen Allzweckmehl

1/3 Tasse Zucker

2 Teelöffel Backpulver

1/2 TL Salz

6 Esslöffel ungesalzene Butter

2 große Eier, zimmerwarm

1 TL reiner Vanilleextrakt

Füllung

2 Tassen feuchte getrocknete Feigen, Stiele entfernt

½ Tasse Rosinen

1 Tasse Walnüsse, geröstet und gehackt

½ Tasse gehackte halbsüße Schokolade (ca. 2 Unzen)

⅓ Tasse Honig

¼ Tasse Orangensaft

1 Teelöffel Orangenschale

1 TL gemahlener Zimt

⅛ TL gemahlene Nelken

bearbeiten

1 Eigelb mit 1 Teelöffel Wasser verquirlt

Bunte Bonbonstreusel

1. Den Teig vorbereiten: Mehl, Zucker, Backpulver und Salz in einer großen Schüssel vermischen. Schneiden Sie die Butter mit einem Elektromixer oder Mixer ein, bis die Mischung groben Krümeln ähnelt.

2. Eier und Vanille in einer Schüssel verquirlen. Die Eier zu den trockenen Zutaten geben und mit einem Holzlöffel verrühren, bis der Teig gleichmäßig feucht ist. Sollte der Teig zu trocken sein, etwas kaltes Wasser tropfenweise hinzufügen.

3. Den Teig zu einer Kugel formen und auf ein Stück Plastikfolie legen. Drücken Sie es flach zu einer Scheibe und wickeln Sie es gut ein. Mindestens 1 Stunde oder über Nacht im Kühlschrank lagern.

4. Bereiten Sie die Füllung vor: Mahlen Sie die Feigen, Rosinen und Nüsse in einer Küchenmaschine oder einem Fleischwolf, bis sie grob gehackt sind. Restliche Zutaten unterrühren. Abdecken und im Kühlschrank aufbewahren, wenn es nicht innerhalb einer Stunde verwendet wird.

5. Um die Kuchen zusammenzustellen, heizen Sie den Ofen auf 375 °F vor. Zwei große Backbleche einfetten.

6. Den Teig in 6 Stücke schneiden. Rollen Sie jedes Stück auf einer leicht bemehlten Oberfläche zu einem etwa 10 cm langen Baumstamm.

7. Rollen Sie mit einem bemehlten Nudelholz einen Stamm zu einem 9 x 5 Zoll großen Rechteck aus. Schneiden Sie die Kanten ab.

8. Einen 3/4-Zoll-Streifen der Füllung leicht in Längsrichtung auf eine Seite der Mitte des ausgerollten Teigs spritzen. Falten Sie eine lange Seite des Teigs auf die andere und drücken Sie die Ränder zusammen, um sie zu verschließen. Den gefüllten Teig quer in 3 gleich große Stücke schneiden.

9. Schneiden Sie mit einem scharfen Messer in Abständen von 1/2 Zoll 3/4 Zoll lange Schlitze durch die Füllung und den Teig. Biegen Sie sie leicht, um die Löcher zu öffnen und die Feigenfüllung freizulegen, und legen Sie die Kuchen dann mit einem Zentimeter Abstand auf die Backbleche.

10. Den Teig mit dem Ei bestreichen. Nach Belieben mit Bonbonstreuseln bestreuen. Mit den restlichen Zutaten wiederholen.

11. Backen Sie die Kuchen 20 bis 25 Minuten lang oder bis sie goldbraun sind.

12. Lassen Sie die Kuchen auf einem Kuchengitter abkühlen. In einem luftdichten Behälter im Kühlschrank bis zu 1 Monat aufbewahren.

Mandelrock

Croccante oder Torrone

Ergibt 10 bis 12 Portionen

Sizilianer stellen diese Süßigkeiten mit Pinienkernen, Pistazien oder Sesamkörnern anstelle von Mandeln her. Eine Zitrone eignet sich hervorragend zum Glätten des heißen Sirups.

Pflanzenöl

2 Tassen Zucker

1/4 Tasse Honig

2 Tassen Mandeln (10 Unzen)

1 ganze Zitrone, gewaschen und getrocknet

1. Bestreichen Sie eine Marmoroberfläche oder ein Metallbackblech mit neutralem Pflanzenöl.

2. Zucker und Honig in einem mittelgroßen Topf vermischen. Bei mittlerer Hitze unter gelegentlichem Rühren etwa 20 Minuten kochen, bis der Zucker zu schmelzen beginnt. Zum Kochen

bringen und ohne Rühren weitere 5 Minuten kochen lassen oder bis der Sirup klar ist.

3.Die Nüsse dazugeben und ca. 3 Minuten kochen lassen, bis der Sirup eine bernsteinfarbene Farbe hat. Gießen Sie den heißen Sirup vorsichtig auf die vorbereitete Oberfläche und glätten Sie die Nüsse mit der Zitrone zu einer einzigen Schicht. Vollständig abkühlen lassen. Wenn der Krokant nach etwa 30 Minuten abgekühlt und hart ist, schieben Sie einen dünnen Metallspatel darunter. Heben Sie den Krokant an und brechen Sie ihn in 3,5 cm große Stücke. In luftdichten Behältern bei Raumtemperatur lagern.

Sizilianische Nussbrötchen

Mostaccioli

Ergibt 64 Kekse

Diese Kekse wurden früher aus Mosto Cotto, konzentriertem Traubensaft, hergestellt. Heutige Köche verwenden Honig.

Teig

3 Tassen Allzweckmehl

½ Tasse Zucker

1 Teelöffel Salz

½ Tassenfett

4 Esslöffel (1/2 Stange) ungesalzene Butter, bei Zimmertemperatur

2 große Eier

2 bis 3 Esslöffel kalte Milch

Füllung

1 Tasse geröstete Mandeln

1 Tasse geröstete Walnüsse

½ Tasse geröstete und geschälte Haselnüsse

¼ Tasse Zucker

¼ Tasse Honig

2 Teelöffel Orangenschale

¼ Teelöffel gemahlener Zimt

Puderzucker

1. Mehl, Zucker und Salz in einer großen Schüssel vermischen. Backfett und Butter hineinschneiden, bis die Mischung groben Krümeln ähnelt.

2. In einer kleinen Schüssel die Eier mit zwei Esslöffeln Milch verquirlen. Die Mischung zu den trockenen Zutaten geben und rühren, bis der Teig gleichmäßig feucht ist. Bei Bedarf etwas Milch unterrühren.

3. Den Teig zu einer Kugel formen und auf ein Stück Plastikfolie legen. Drücken Sie es flach zu einer Scheibe und wickeln Sie es gut ein. 1 Stunde bis über Nacht kühl stellen.

4. Nüsse und Zucker in einer Küchenmaschine zubereiten. Verarbeiten, bis alles gut ist. Honig, Schale und Zimt hinzufügen und verrühren, bis alles gut vermischt ist. Backofen auf 350 °F vorheizen. 2 große Backbleche einfetten.

5. Den Teig in 4 Stücke teilen. Rollen Sie ein Stück zwischen zwei Lagen Frischhaltefolie zu einem Quadrat mit einer Größe von etwas mehr als 20 cm. Schneiden Sie die Ränder ab und schneiden Sie den Teig in 5 cm große Quadrate. Einen gehäuften Teelöffel Füllung auf eine Seite jedes Quadrats geben. Den Teig aufrollen, bis er die Füllung vollständig umschließt. Mit der Naht nach unten auf das Backblech legen. Wiederholen Sie den Vorgang mit dem restlichen Teig und der Füllung und achten Sie darauf, dass die Kekse einen Abstand von 2,5 cm haben.

6. 18 Minuten backen oder bis die Kuchen leicht gebräunt sind. Übertragen Sie die Kekse zum Abkühlen auf einen Rost. In einem dicht verschlossenen Behälter bis zu 2 Wochen lagern. Vor dem Servieren mit Puderzucker bestreuen.

Pilz-Kuchen

Pfanne von Spagna

Ergibt zwei 8 oder 9 Zoll dicke Schichten

Dieser klassische und vielseitige italienische Biskuitkuchen passt gut zu Füllungen wie Obstkonfitüre, Schlagsahne, Konditorcreme, Eis oder Ricotta. Der Kuchen lässt sich auch gut einfrieren, sodass er praktisch für schnelle Desserts zur Hand ist.

Die Pfanne einfetten

6 große Eier, zimmerwarm

2/3 Tasse Zucker

1 1/2 TL reiner Vanilleextrakt

1 Tasse gesiebtes Allzweckmehl

1. Stellen Sie den Rost in die Mitte des Ofens. Heizen Sie den Ofen auf 375 °F vor. Fetten Sie zwei 8- oder 9-Zoll-Kuchenformen ein. Den Boden der Pfannen mit Kreisen aus Wachspapier oder Pergamentpapier auslegen. Fetten Sie das Papier ein. Bestäuben Sie die Pfannen mit Mehl und klopfen Sie den Überschuss ab.

2. Beginnen Sie in einer großen Schüssel mit einem Elektromixer, die Eier bei niedriger Geschwindigkeit zu schlagen. Geben Sie langsam den Zucker hinzu und erhöhen Sie die Rührgeschwindigkeit nach und nach auf eine hohe Stufe. Fügen Sie die Vanille hinzu. Schlagen Sie die Eier etwa 7 Minuten lang, bis sie dick und hellgelb sind.

3. Geben Sie das Mehl in ein feinmaschiges Sieb. Etwa ein Drittel des Mehls über die Eimischung schütteln. Nach und nach und sehr vorsichtig das Mehl mit einem Gummispatel unterheben. Wiederholen Sie den Vorgang, indem Sie das Mehl in zwei Portionen hinzufügen und unterheben, bis keine Streifen mehr vorhanden sind.

4. Den Teig gleichmäßig auf die vorbereiteten Formen verteilen. 20 bis 25 Minuten backen, oder bis der Kuchen durch leichten Druck in der Mitte zurückspringt und die Oberseite leicht gebräunt ist. Bereiten Sie 2 Kühlregale vor. Die Kuchen in den Formen auf den Gitterrosten 10 Minuten lang abkühlen lassen.

5. Drehen Sie die Kuchen auf die Gitter und entfernen Sie die Formen. Ziehen Sie das Papier vorsichtig ab. Vollständig abkühlen lassen. Sofort servieren oder mit einer umgedrehten Schüssel abdecken und bis zu 2 Tage bei Raumtemperatur lagern.

Keks mit Zitrusfrüchten

Torta di Agrumi

Für 10 bis 12 Personen

Olivenöl verleiht diesem Kuchen einen unverwechselbaren Geschmack und eine besondere Textur. Verwenden Sie ein mildes Olivenöl, sonst kann der Geschmack aufdringlich sein. Da er keine Butter, Milch oder andere Milchprodukte enthält, ist dieser Kuchen gut für Menschen, die diese Lebensmittel nicht essen können.

Dies ist ein großer Kuchen, obwohl er sehr leicht und luftig ist. Zum Backen benötigen Sie eine 10-Zoll-Rohrform mit abnehmbarem Boden – wie sie für Engelskuchen verwendet wird.

Ein wenig Weinstein, erhältlich in der Gewürzabteilung der meisten Supermärkte, hilft, das Protein in diesem tollen Kuchen zu stabilisieren.

21/4 dl Kuchenmehl (nicht selbstaufziehend)

1 Esslöffel Backpulver

1 Teelöffel Salz

6 große Eier, getrennt, bei Zimmertemperatur

1 1/4 dl Zucker

1 1/2 TL Orangenschale

1 1/2 TL abgeriebene Zitronenschale

¾ Tasse frisch gepresster Orangensaft

½ Tasse natives Olivenöl extra

1 TL reiner Vanilleextrakt

¼ Teelöffel Weinstein

1. Stellen Sie den Ofenrost in das untere Drittel des Ofens. Heizen Sie den Ofen auf 325 °F vor. Sieben Sie Mehl, Backpulver und Salz in eine große Schüssel.

2. In einer großen Schüssel mit einem Elektromixer Eigelb, 1 Tasse Zucker, Orangen- und Zitronenschale, Orangensaft, Öl und Vanilleextrakt etwa 5 Minuten lang glatt rühren. Die Flüssigkeit mit einem Gummispatel unter die trockenen Zutaten heben.

3. In einer anderen großen Schüssel mit einem sauberen Schneebesen das Eiweiß bei mittlerer Geschwindigkeit schaumig schlagen. Nach und nach den restlichen 1/4 Tasse Zucker und Weinstein hinzufügen. Erhöhen Sie die Geschwindigkeit auf hoch. Schlagen Sie etwa 5 Minuten lang, bis

sich beim Anheben der Rührbesen weiche Spitzen bilden. Das Eiweiß unter den Teig heben.

4. Den Teig in eine ungefettete 25 cm große Springform mit abnehmbarem Boden füllen. 55 Minuten lang backen oder bis der Kuchen goldbraun ist und ein Zahnstocher in der Mitte sauber herauskommt.

5. Stellen Sie die Form umgedreht auf ein Kuchengitter und lassen Sie den Kuchen vollständig abkühlen. Führen Sie ein dünnes Messer um die Innenseite der Form, um den Kuchen zu lösen. Heben Sie den Kuchen und den Boden der Form heraus. Schieben Sie das Messer unter den Kuchen und entfernen Sie den Boden der Form. Sofort servieren oder mit einer umgedrehten Schüssel abdecken und bis zu 2 Tage bei Raumtemperatur lagern.

Zitronen-Olivenöl-Kuchen

Zitronenkuchen

Ergibt 8 Portionen

Ein leichter, zitroniger Kuchen aus Apulien, den man immer gerne zur Hand hat.

1 1/2 dl Kuchenmehl (nicht selbstaufgehend)

1 1/2 TL Backpulver

1/2 TL Salz

3 große Eier, zimmerwarm

1 Tasse Zucker

1/3 Tasse Olivenöl

1 TL reiner Vanilleextrakt

1 TL abgeriebene Zitronenschale

1/4 Tasse frisch gepresster Zitronensaft

1. Stellen Sie den Rost in das untere Drittel des Ofens. Heizen Sie den Ofen auf 350 °F vor. Fetten Sie eine 9-Zoll-Springform ein.

2. Mehl, Backpulver und Salz in eine große Schüssel sieben.

3. Schlagen Sie die Eier in einen großen Elektromixer. Bei mittlerer Geschwindigkeit etwa 5 Minuten lang schlagen, bis die Masse dick und hellgelb ist. Den Zucker langsam hinzufügen und weitere 3 Minuten schlagen. Das Öl langsam hinzufügen. Noch eine Minute schlagen. Vanille und Zitronenschale hinzufügen.

4. Mischen Sie mit einem Gummispatel die trockenen Zutaten dreimal und abwechselnd zweimal mit dem Zitronensaft.

5. Den Teig in die vorbereitete Form kratzen. 35 bis 40 Minuten backen, oder bis der Kuchen goldbraun ist und beim Drücken in der Mitte wieder zurückspringt.

6. Stellen Sie die Pfanne mit der Oberseite nach unten auf einen Rost. Vollständig abkühlen lassen. Führen Sie ein Messer an der Außenkante entlang und entfernen Sie es. Sofort servieren oder mit einer umgedrehten Schüssel abdecken und bis zu 2 Tage bei Raumtemperatur lagern.

Marmorkuchen

Torta marmorata

Ergibt 8 bis 10 Portionen

In Italien wird dem Frühstück nicht viel Aufmerksamkeit geschenkt. Eier und Müsli werden selten gegessen und die meisten Italiener kommen mit Kaffee und Toast oder vielleicht ein paar einfachen Keksen aus. Hotelfrühstücke kompensieren oft ausländische Geschmäcker mit einer großzügigen Auswahl an Aufschnitt, Käse, Obst, Eiern, Joghurt, Brot und Gebäck. In einem Hotel in Venedig sah ich einen wunderschönen Marmorkuchen, einen meiner persönlichen Lieblingskuchen, der stolz auf einem Kuchenständer ausgestellt war. Es war himmlisch mit einer Tasse Cappuccino und ich hätte es genauso gut zur Teezeit genossen. Der Kellner erzählte mir, dass der Kuchen täglich frisch von einer örtlichen Bäckerei geliefert wurde, wo es eine Spezialität sei. Dies ist meine Version, inspiriert von der in Venedig.

1 1/2 dl Kuchenmehl (nicht selbstaufgehend)

1 1/2 TL Backpulver

1/2 TL Salz

3 große Eier, zimmerwarm

1 Tasse Zucker

⅓ Tasse Pflanzenöl

1 TL reiner Vanilleextrakt

¼ Teelöffel Mandelextrakt

½ Tasse Milch

2 Unzen bittersüße oder halbsüße Schokolade, geschmolzen und abgekühlt

1. Stellen Sie den Ofenrost in das untere Drittel des Ofens. Heizen Sie den Ofen auf 325 °F vor. Fetten Sie eine 10-Zoll-Rohrform ein, bemehlen Sie sie und klopfen Sie überschüssiges Mehl aus.

2. Mehl, Backpulver und Salz in eine große Schüssel sieben.

3. In einer anderen großen Schüssel die Eier mit einem Elektromixer bei mittlerer Geschwindigkeit etwa 5 Minuten lang schlagen, bis sie dick und hellgelb sind. Den Zucker langsam Löffel für Löffel unterrühren. Weitere 2 Minuten weiterschlagen.

4. Nach und nach das Öl und die Extrakte unterrühren. Das Mehl in drei Portionen unterheben und abwechselnd die Milch in zwei Portionen hinzufügen.

5. Nehmen Sie etwa 1 1/2 Tassen des Teigs heraus und geben Sie ihn in eine kleine Schüssel. Zur Seite legen. Restlichen Teig in die vorbereitete Form kratzen.

6. Die geschmolzene Schokolade unter den reservierten Teig heben. Geben Sie große Löffel des Schokoladenteigs auf den Teig in der Pfanne. Um den Teig zu wenden, halten Sie ein Tafelmesser mit der Spitze nach unten. Führen Sie die Messerklinge durch den Teig und führen Sie sie mindestens zweimal vorsichtig um die Pfanne.

7. 40 Minuten backen oder bis der Kuchen goldbraun ist und ein Zahnstocher in der Mitte sauber herauskommt. Auf einem Kuchengitter 10 Minuten abkühlen lassen.

8. Legen Sie den Kuchen auf den Rost und entfernen Sie die Form. Legen Sie den Kuchen mit der rechten Seite nach oben auf ein anderes Kuchengitter. Vollständig abkühlen lassen. Sofort servieren oder mit einer umgedrehten Schüssel abdecken und bis zu 2 Tage bei Raumtemperatur lagern.

www.ingramcontent.com/pod-product-compliance
Lightning Source LLC
Chambersburg PA
CBHW071426080526
44587CB00014B/1752